AF277005

Disfrute gratuitamente **DURANTE UN AÑO** de los eBook y audiolibros de las obras de Editorial Colex*

- ⤭ Acceda a la página web de la editorial **www.colex.es**

- ⤭ Identifíquese con su usuario y contraseña. En caso de no disponer de una cuenta regístrese.

- ⤭ Acceda en el menú de usuario a la pestaña «Mis códigos» e introduzca el que aparece a continuación:

RASCAR PARA VISUALIZAR EL CÓDIGO

De la violencia de género a las violencias contra las mujeres por razón de género

- ⤭ Una vez se valide el código, aparecerá una ventana de confirmación y su eBook y audiolibro estará disponible **durante 1 año desde su activación** en la pestaña «Mis libros» en el menú de usuario.

---

* Los audiolibros están disponibles en las ediciones más recientes de nuestras obras. Se excluyen expresamente las colecciones «Códigos comentados», «Biblioteca digital» y los productos de www.vademecumlegal.es.

No se admitirá la devolución si el código promocional ha sido manipulado y/o utilizado.

¡Gracias por confiar en nosotros!

La obra que acaba de adquirir incluye de forma gratuita la versión electrónica.

Acceda a nuestra página web para aprovechar todas las funcionalidades de las que dispone en nuestro lector.

Funcionalidades eBook

Acceso desde cualquier dispositivo con conexión a internet

Idéntica visualización a la edición de papel

Navegación intuitiva

Tamaño del texto adaptable

Síguenos en: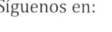

DE LA VIOLENCIA DE GÉNERO A LAS VIOLENCIAS CONTRA LAS MUJERES POR RAZÓN DE GÉNERO

20 años de Ley Orgánica 1/2004 de 28 de diciembre

Derechos Humanos

MINISTERIO
DE IGUALDAD

SECRETARÍA DE ESTADO
DE IGUALDAD
Y PARA LA ERRADICACIÓN
DE LA VIOLENCIA CONTRA LAS MUJERES

DELEGACIÓN DEL GOBIERNO
CONTRA LA VIOLENCIA DE GÉNERO

DE LA VIOLENCIA DE GÉNERO A LAS VIOLENCIAS CONTRA LAS MUJERES POR RAZÓN DE GÉNERO

20 años de Ley Orgánica 1/2004 de 28 de diciembre

Dirección y Coordinación

Tania García Sedano
Samara de las Heras Aguilera
Elena Laporta Hernández

Autoras

María Barcons Campmajó
Camila Cella Nosiglia
Samara de las Heras Aguilera
Isabel Diez Velasco
Tania García Sedano
Elena Laporta Hernández
Julieta Rey
Tania Sordo Ruz
Paloma Torres López

COLEX 2025

© Tania García Sedano
© Samara de las Heras Aguilera
© Elena Laporta Hernández
© María Barcons Campmajó
© Camila Cella Nosiglia
© Isabel Diez Velasco
© Julieta Rey
© Paloma Torres López

© Editorial Colex, S.L.
Calle Costa Rica, número 5, 3.º B (local comercial)
A Coruña, C.P. 15004
info@colex.es
www.colex.es

I.S.B.N.: 979-13-7011-403-9
Depósito legal: C 1643-2025
DOI: https://doi.org/10.69592/979-13-7011-403-9

AUTORAS

Tania García Sedano

- Vocal Junta Directiva APDHE
- Jurista, Doctora en Derecho, ex Presidenta de la Asociación Pro Derechos Humanos de España.

Elena Laporta Hernández

- Socia fundadora de Fem Ius. Jurista y politóloga, experta en Feminismo Jurídico. Como asesora parlamentaria, ha formado parte del equipo negociador de la Directiva sobre la lucha contra la violencia contra las mujeres.

Samara de las Heras Aguilera

- Socia fundadora de Fem Ius. Doctora en Derecho Público y Filosofía Jurídico Política. Consultora especializada en Feminismo Jurídico y derechos humanos, con experiencia en la asesoría jurídica y acompañamiento a supervivientes de violencias contra las mujeres.

María Barcons Campmajó

- Doctora en Derecho, Máster en estudios de género, politóloga, investigadora del Grupo Antígona y profesora lectora de Filosofía del Derecho de la Facultad de Derecho de la Universidad Autónoma de Barcelona.

Camila Cella Nosiglia

- Vocal de la Junta Directiva de APDHE. Coordinadora de políticas públicas en Transparencia Internacional España. Investigadora Asociada del IU- Rescat de la Universidad Rovira i Vigili (URV).

Isabel Diez Velasco

- Vicepresidenta de APDHE y Co-fundadora de MEDUSA Abogadas y Consultoras de Derechos Humanos.

Tania Sordo Ruz

- Jurista especializada en derechos humanos de las mujeres. Doctora en Estudios Interdisciplinares de Género por la Universidad Autónoma de Madrid. Creadora de la iniciativa Colectiva 1600s.

Paloma Torres López

- Co-fundadora de MEDUSA Abogadas y Consultoras de Derechos Humanos

Julieta Rey

- Voluntaria de APDHE e Investigadora del Instituto Latinoamericano de Seguridad y Democracia (ILSED).

SUMARIO

CAPÍTULO V

HACIA EL RECONOCIMIENTO SOCIAL Y JURÍDICO DE LA VIOLENCIA ECONÓMICA CONTRA LAS MUJERES

Camila Cella Nosiglia y Tania García Sedano

CAPÍTULO VI

VIOLENCIA Y ACOSO EN EL MUNDO DEL TRABAJO

Tania García Sedano

CAPÍTULO VII

LA MUTILACIÓN GENITAL FEMENINA: UNA FORMA EXTREMA DE VIOLENCIA CONTRA MUJERES Y NIÑAS POR RAZÓN DE GÉNERO

Julieta Rey

CAPÍTULO VIII

LA VIOLENCIA OBSTÉTRICA COMO VIOLENCIA CONTRA LAS MUJERES POR RAZÓN DE GÉNERO

Paloma Torres López

CAPÍTULO IX

LA CIBERVIOLENCIA DE GÉNERO: NOVEDADES LEGISLATIVAS

Maria Barcons Campmajó

CAPÍTULO X

LA TRATA DE SERES HUMANOS: DESAFÍOS CON IMPACTO DE GÉNERO

Tania García Sedano

CAPÍTULO XI
VIOLENCIA INSTITUCIONAL MACHISTA
Tania Sordo Ruz

PRÓLOGO

Desde finales de 2024 se vienen celebrando multitud de actos de homenaje con motivo del vigésimo aniversario de la Ley Orgánica 1/2004, de 28 de diciembre, de Medidas de Protección Integral contra la Violencia de Género.

El propio Ministerio de Igualdad organizó un acto institucional en el que se reconoció públicamente a todas las personas que participaron en su aprobación: miembros de las Cortes Generales de todos los grupos parlamentarios de aquella legislatura, ponentes, personas expertas, así como representantes del Gobierno que la impulsó, presidido entonces por José Luis Rodríguez Zapatero.

Hablamos de una ley que nos ha cambiado como sociedad, que situó en todas las agendas el derecho de las mujeres a vivir libres de violencia machista. Con ella se inició en España una nueva etapa, en la que la lucha contra la violencia de género se convirtió en una prioridad política y social. Una etapa en la que «lo personal era también político». Es justo agradecer a quienes hicieron posible este cambio de paradigma y, de manera muy especial, al movimiento feminista por su lucha incansable.

No podemos olvidar que la violencia contra las mujeres por el hecho de serlo constituye una de las violaciones más extendidas y devastadoras de los derechos humanos. Afecta hoy en día a millones de mujeres en todo el mundo, sin distinción de edad, origen étnico o nivel socioeconómico.

Echar la vista atrás, hacia los primeros años de los 2000, nos lleva a reflexionar sobre el profundo significado que tienen las políticas públicas en la garantía y efectividad de los derechos, en la transformación progresiva hacia una sociedad más justa e igualitaria y, en definitiva, en el papel que desempeña lo público en la mejora de la calidad de vida de la ciudadanía.

Hemos dado grandes pasos. La Ley Orgánica 1/2004 fue, y sigue siendo, una norma pionera, avanzada y de referencia internacional, que aborda de manera integral la lucha contra la violencia de género en el ámbito de la pareja o expareja desde múltiples perspectivas.

Gracias a ella, contamos con campañas institucionales pioneras de prevención y sensibilización, así como con protocolos específicos en los ámbitos de protección, sanitario, educativo y laboral. La ley ha permitido reconocer y garantizar un conjunto de derechos para las mujeres víctimas que, desde un enfoque de atención integral, persiguen fomentar su autonomía y evitar la revictimización.

Para garantizar estos derechos se creó una red de instituciones de lucha contra la violencia de género, entre ellas la Delegación del Gobierno contra la Violencia de Género (DGVG), encargada de proponer la política del Gobierno en esta materia e impulsar, coordinar y asesorar todas las medidas que se lleven a cabo. De la propia DGVG dependen servicios básicos de atención y protección a las víctimas, como el 016, el servicio ATENPRO o los dispositivos de control telemático de las penas y medidas de alejamiento.

Asimismo, la DGVG dispone actualmente de ocho operaciones estadísticas oficiales, recogidas en los correspondientes Planes Estadísticos Nacionales, y está reconocida como «Otra Autoridad Nacional» (ONA) por Eurostat, siendo responsable en España de la producción de la estadística europea Encuesta Europea de Violencia de Género.

Se creó también el Observatorio Estatal de Violencia sobre la Mujer, un órgano colegiado interministerial con participación de la sociedad civil a través de asociaciones representativas, encargado de asesorar, evaluar y elaborar informes, estudios y propuestas de actuación en materia de violencia de género. Este observatorio ha sido recientemente reconocido por el GREVIO como ejemplo de buenas prácticas.

El trabajo conjunto con la sociedad civil ha sido prioritario desde la aprobación de la Ley Orgánica, y se ha materializado en iniciativas como la creación del Foro Social contra la Trata con Fines de Explotación Sexual o la concesión de subvenciones a proyectos de sensibilización y lucha contra esta forma de violencia.

Dentro del tejido institucional, destacan la puesta en marcha de grupos especializados en las Fuerzas y Cuerpos de Seguridad, la creación de los Juzgados de Violencia sobre la Mujer, la Fiscalía de Sala contra la Violencia sobre la Mujer y las secciones especializadas en todos los Tribunales Superiores de Justicia y Audiencias Provinciales.

Posteriormente, la Ley Orgánica 10/2022, de 6 de septiembre, de garantía integral de la libertad sexual, supuso un nuevo punto de inflexión. Desde la aprobación de la Ley Orgánica 1/2004 se han producido numerosos y muy significativos avances. Pero, pese a los logros alcanzados, sigue siendo urgente actualizar nuestras políticas públicas para seguir avanzando, para seguir protegiendo el derecho de las mujeres a vivir y existir libres de violencia machista.

Debemos continuar ampliando la mirada y abordar todas las formas de violencia contra las mujeres por razón de género. Contamos con una herramienta política fundamental: el Pacto de Estado contra la Violencia de Género, cuya renovación fue aprobada por el Pleno del Congreso de los Diputados el 26 de febrero de 2025 por todos los grupos parlamentarios, salvo Vox.

La clave para seguir avanzando es la unidad y la firmeza. Nos encontramos en un momento complejo, en el que el patriarcado se rearma y, con sus estrategias negacionistas, no solo pretende impedir que avancemos en igualdad, sino hacernos retroceder.

Merece la pena tener cerca esta completa publicación, que no sólo nos pone al día, sino que nos recuerda todo aquello que aún nos queda por hacer. Trabajos como este, que ofrece una revisión pormenorizada de la situación actual y señala los retos pendientes para avanzar en la legislación y las políticas de erradicación de la violencia contra las mujeres, constituyen el mejor homenaje posible a una ley que cambió nuestra sociedad. Veinte años después, continúa siendo un referente y un punto de partida. Su vigencia nos recuerda que la igualdad y la erradicación de la violencia contra las mujeres no son metas alcanzadas, sino un proceso vivo que exige la implicación constante de las instituciones y de toda la ciudadanía.

INTRODUCCIÓN

La Asociación Pro Derechos Humanos consciente del hito que supuso la aprobación, hace veinte años, de la Ley Orgánica 1/2004, de 28 de diciembre, de Medidas de Protección Integral contra la Violencia de Género, ha querido conmemorarlo con esta obra. A través de ella se explicita lo que ha significado tanto para el ordenamiento jurídico como para la sociedad española y los desafíos que nos retan en materia de prevención, tipificación, protección, reparación y políticas públicas para erradicar la violencia contra las mujeres por razón de género.

Para ello, este trabajo se articula en torno a dos partes. La primera parte analiza el marco normativo internacional y europeo. La Ley 1/2004 supo canalizar los avances realizados en el ámbito internacional materializados, entre otros, en la Convención sobre la Eliminación de todas las formas de discriminación contra la mujer, la Declaración sobre la eliminación de la violencia contra la mujer de 1993, la Declaración y la Plataforma de Beijing, pero también en el seno de la Unión Europea. A su análisis y repercusión se dedican los capítulos primero y segundo.

Por su parte, el capítulo tercero analiza la propia Ley 1/2004 que desde el reconocimiento del carácter estructural de la violencia de género construyó todo un andamiaje para su erradicación a través de la prevención, la creación de organismos específicos tendentes a dar seguimiento al cumplimiento de las obligaciones de política pública, de juzgados especializados o la previsión de formación especializada que posibilitase conocer e integrar las dinámicas y consecuencias de la violencia, con enfoque en derechos, de género e interseccional.

La segunda parte, aborda incorporando la denominación instaurada por el Comité para la Eliminación de la Discriminación contra la Mujer en su Recomendación general n.º 35 sobre la violencia por razón de género contra la mujer (por la que se actualiza la recomendación general n.º 19) las formas de violencia contra las mujeres por razón de género perpetradas por personas o instituciones con los que las víctimas no tienen, necesariamente, una relación de pareja o análoga afectividad.

Sobre estas formas de violencia, sin ánimo de exhaustividad, se pronuncian el resto de los capítulos. Así, la violencia económica es objeto de análisis en el capítulo cuarto, el acoso en el ámbito laboral en el capítulo quinto, la mutilación genital femenina en el capítulo sexto, la violencia obstétrica en el capítulo séptimo, la ciberviolencia en el capítulo octavo, la trata de mujeres y niñas en el capítulo noveno y la violencia institucional en el capítulo décimo.

No podemos concluir sin hacer memoria de las víctimas, a las 1322 víctimas que se han contabilizado oficialmente desde el año 2003 hasta la fecha[1], septiembre de 2025, así como a todas aquellas que están fuera de la estadística pero dentro de la estructura de la violencia contra las mujeres por razón de género.

Por último, agradecer al movimiento feminista su inestimable papel propiciando la toma de conciencia social y coadyuvando a los avances que se han materializado tanto normativamente como a través de políticas públicas.

---

1   Información disponible en: https://violenciagenero.igualdad.gob.es

PARTE I

CAPÍTULO I

LA VIOLENCIA CONTRA LAS MUJERES EN EL MARCO INTERNACIONAL: UNA CUESTIÓN DE DERECHOS

Elena Laporta Hernández y Samara de las Heras Aguilera
Socias fundadoras de Fem Ius
Investigadoras y asesoras especializadas en
Feminismo Jurídico y derechos de las mujeres

1. Introducción

En el ámbito internacional, y también en los regionales, la lucha por erradicar la violencia contra las mujeres y la atención a las supervivientes se ha enmarcado en los sistemas de protección de los derechos humanos. Es revelador que las primeras normas de derechos ni siquiera la mencionen: la violencia contra las mujeres ha sido tradicionalmente considerada un asunto privado, un tabú, e incluso una deshonra para las propias víctimas. De ahí su invisibilización en la Declaración Universal de Derechos Humanos de 1948, en los Pactos Internacionales de 1966, sobre derechos civiles y políticos, y económicos, sociales y culturales, e incluso en la propia Convención sobre la Eliminación de todas las formas de discriminación contra la mujer[1] (en adelante, «CEDAW», por sus siglas en inglés).

Sin embargo, la concienciación promovida por el movimiento feminista y las voces de las mujeres que reclaman visibilizar y eliminar todas las formas de violencia, han propiciado cambios sociales, y también legales. Por ello, tanto en el marco del sistema internacional de protección de los derechos, como en el europeo[2], es posible constatar una notable evolución en esta materia, que encuadra las obligaciones del Estado español a la hora de prevenir, perseguir y sancionar todas las formas de violencia contra las mujeres, y de proteger, atender y reparar a las supervivientes.

En las páginas que siguen concretaremos cómo se han desarrollado los marcos de protección de los derechos de las mujeres en materia de violencia: en el presente capítulo, el internacional, a través de las normas y las recomendaciones adoptadas por los organismos competentes de la Organización de las Naciones Unidas (en adelante, «ONU»). Y en el capítulo 2, el europeo. En este ámbito, distinguiremos entre el Consejo de Europa y la Unión Europea, en tanto que organizaciones distintas, con normativas y organismos propios en la materia.

2. La protección de los derechos de las mujeres en el contexto de la ONU: violencias contra las mujeres por el hecho de serlo

Entre los avances frente a las violencias contra las mujeres en el marco internacional de los derechos humanos podemos destacar varios hitos y organismos relevantes.

---

1   En el artículo 6 de la CEDAW sí se menciona una de las manifestaciones de la violencia contra las mujeres, la trata de mujeres, y se señala expresamente que los estados tomarán todas las medidas apropiadas para suprimirla. La convención está disponible en el siguiente enlace: https://www.ohchr.org/sites/default/files/Documents/ProfessionalInterest/cedaw_SP.pdf

2   En este informe hacemos referencia al sistema interamericano ni al africano por no ser vinculantes para España, sin perjuicio de reconocer el valioso aporte que suponen.

El punto de partida es sin duda la adopción de la CEDAW en 1978, el primer tratado internacional que protege los derechos de las mujeres de manera vinculante y los pronunciamientos del Comité CEDAW, creado con el fin de orientar en la aplicación de las medidas propuestas y monitorear el cumplimiento por parte de los estados de las obligaciones que recoge. Dedicaremos el siguiente apartado a analizar los pronunciamientos del Comité CEDAW, tanto a través de las Recomendaciones Generales como de los informes sobre España. Pero antes, es importante destacar otros hitos que han ido moldeando las posiciones del Comité CEDAW y de los propios Estados en materia de violencia contra las mujeres.

Como decíamos, la CEDAW no hace referencia expresamente a todas las formas de violencia, tenemos que esperar hasta 1993 para que la ONU apruebe una norma de *soft law*, es decir, no vinculante, que recoge una definición de violencia. En concreto, la Declaración sobre la eliminación de la violencia contra la mujer[3] establece que por violencia contra las mujeres se entiende «todo acto de violencia basado en la pertenencia al sexo femenino que tenga o pueda tener como resultado un daño o sufrimiento físico, sexual o psicológico para la mujer, así como las amenazas de tales actos, la coacción o la privación arbitraria de la libertad, tanto si se producen en la vida pública como en la vida privada» (artículo 1). En otras palabras, abarca los siguientes actos:

a) La violencia física, sexual y psicológica que se produzca en la familia, incluidos los malos tratos, el abuso sexual de las niñas en el hogar, la violencia relacionada con la dote, la violación por el marido, la mutilación genital femenina y otras prácticas tradicionales nocivas para la mujer, los actos de violencia perpetrados por otros miembros de la familia y la violencia relacionada con la explotación;

b) La violencia física, sexual y psicológica perpetrada dentro de la comunidad en general, inclusive la violación, el abuso sexual, el acoso y la intimidación sexuales en el

---

3   Disponible en: https://www.ohchr.org/es/instruments-mechanisms/ instruments/declaration-elimination-violence-against-women

trabajo, en instituciones educacionales y en otros luga-res, la trata de mujeres y la prostitución forzada;

c) La violencia física, sexual y psicológica perpetrada o tolerada por el Estado, dondequiera que ocurra (artículo 2).

Esa definición permite avanzar en una comprensión común de la violencia contra las mujeres a nivel global y ha orientado las legislaciones de los estados en la materia, con-cretando sus obligaciones para actuar con debida diligen-cia a la hora de abstenerse de practicar violencia contra las mujeres y adoptar todas las medidas necesarias para preve-nir, investigar y sancionar cualquier forma de violencia, sea perpetrada por agentes del estado o por particulares, garan-tizar el acceso a la Justicia de las víctimas y a los recursos y medios especializados de protección, atención y reparación.

Por último, haremos mención en un apartado específico por su importancia a los informes de la Relatora Especial sobre la violencia contra las mujeres y las niñas, el primer mecanismo independiente de derechos humanos dedicado específicamente a luchar contra la violencia machista.

2.1. La Convención sobre la eliminación de todas las formas de discriminación contra la mujer y su desarrollo a través del Comité CEDAW

La CEDAW, considerada la carta de derechos de las muje-res, introduce cambios fundamentales que permiten enfren-tar las discriminaciones y violencias contra las mujeres de una manera más eficaz. Por un lado, las mujeres comienzan a ser consideradas desde un paradigma colectivo, como un grupo que sufre discriminaciones por el simple hecho de ser mujeres. Esta idea ha sido fundamental a la hora de concien-ciar y legislar contra las violencias machistas, eliminando la idea de que las víctimas son de alguna manera responsables de la violencia que padecen. En ese sentido, cabe recordar que en la Exposición de Motivos de la Ley Orgánica 1/2004 se señala expresamente que la violencia de género «se manifiesta como el símbolo más brutal de la desigualdad existente en nuestra sociedad. Se trata de una violencia que se dirige sobre las mujeres por el hecho mismo de serlo, por ser consideradas, por sus agresores, carentes de los derechos mínimos de libertad, respeto y capacidad de decisión».

Por otro lado, la CEDAW aporta una concepción de la igualdad que supera la noción formal o genérica reconocida en los tratados sobre derechos humanos, que exige a los estados adoptar todas las medidas necesarias, incluyendo acciones positivas, para garantizar una igualdad material, de oportunidades y de facto. También esa previsión ha sido fundamental en el caso de la legislación española, como veremos en el siguiente capítulo, en especial en lo que respecta a la tipificación del delito de malos tratos y en la existencia de tribunales especializados para conocer en el orden penal y en el orden civil los asuntos relacionados con la violencia contra las mujeres.

Por último, es importante destacar que aunque la CEDAW no menciona la violencia contra las mujeres, el Comité CEDAW[4], un organismo que la propia convención instaura con el fin de monitorear los progresos realizados por los estados, ha realizado una importante labor para reconocerla como la forma más grave de discriminación contra las mujeres y para orientar las actuaciones de los estados para prevenirla, perseguir y sancionar a los responsables y proteger, atender y reparar a las supervivientes de todas sus manifestaciones. En particular, a través de las Recomendaciones Generales[5] y, en concreto:

- La Recomendación General n.º 12, adoptada en 1989, que recomienda a los estados facilitar en sus informes periódicos información sobre la legislación vigente, servicios de atención y datos estadísticos relativos a la violencia contra las mujeres.

---

4   Página web disponible en: https://www.ohchr.org/en/treaty-bodies/cedaw

5   Todas las Recomendaciones Generales pueden consultarse aquí: https://www.ohchr.org/en/treaty-bodies/cedaw/general-recommendations

- La Recomendación General n.º 19, adoptada en 1992, que reconoce que la violencia contra las mujeres es una forma de discriminación que impide el disfrute de derechos y libertades que, por tanto, exige que los estados adopten medidas positivas específicas para erradicar todas las manifestaciones de la violencia (sea física, mental o sexual), sea esta ejercida por autoridades públicas, por personas (familiares, conocidas o desconocidas), organizaciones o empresas y teniendo presentes las causas y contextos en los que se produce.

  En ese sentido, cabe apuntar que se mencionan las actitudes o prácticas tradicionales y los estereotipos que perpetúan la violencia, la representación y explotación de la imagen de la mujer como un objeto sexual, la pobreza, la dependencia económica y el desempleo, los contextos de prostitución, las guerras y los conflictos armados, las comunidades rurales, las relaciones familiares y la falta de asunción de las responsabilidades de cuidado por parte de los hombres.

- La Recomendación General n.º 33, adoptada en 2015, sobre el acceso a la Justicia, que concreta las obligaciones de los estados para garantizar que mujeres y niñas tengan una protección efectiva frente a toda forma de discriminación y violencia, el acceso a los recursos de jurídicos para víctimas y la rendición de cuentas de los sistemas de Justicia.

- La Recomendación General n.º 35, adoptada en 2017, sobre la violencia por razón de género contra la mujer[6], que pone el foco en cuestiones fundamentales para reforzar la lucha contra esta lacra y mejorar las normativas, políticas públicas y recursos para prevenirla y proteger a las supervivientes. Entre ellas, la necesidad de adoptar un enfoque interseccional[7] que tenga en

---

6   El Comité CEDAW cambia en esta recomendación la manera de referirse a la violencia contra las mujeres, y comienza a utilizar la expresión violencia por razón de género contra las mujeres, con la finalidad de resaltar sus causas.

7   Sobre la interseccionalidad, véase la Recomendación general 28 del Comité CEDAW.

cuenta «que las mujeres experimentan formas múltiples e interrelacionadas de discriminación» (párrafo 12), que condicionan la manera en que sufren violencia y también la forma en la que acceden y ven protegido el derecho a una vida libre de violencia. Asimismo, recuerda que estas formas de violencia se producen «en todos los espacios y esferas de la interacción humana, ya sean públicos o privados, entre ellos los contextos de la familia, la comunidad, los espacios públicos, el lugar de trabajo, el esparcimiento, la política, el deporte, los servicios de salud y los entornos educativos, y en la redefinición de lo público y lo privado a través de entornos tecnológicos» (párrafo 20).

Es importante recordar que cuando hablamos de violencia contra las mujeres, los estados son responsables tanto por los actos como por las omisiones de agentes estatales y privados, es decir, los cometidos por personas, organizaciones o empresas. En consecuencia, la Recomendación General n.º 35 concreta las medidas que deben adoptar los estados para actuar con la debida diligencia y asegurar la existencia de «leyes, instituciones y un sistema para abordar dicha violencia y garantizar que funcionan de manera eficaz en la práctica y que cuentan con el apoyo de todos los agentes y órganos del Estado», adoptando las medidas necesarias para prevenir los actos de violencia, investigar, enjuiciar y sancionar a los autores y proteger, atender y reparar a las víctimas (párrafo 24). Por último, el Comité CEDAW recuerda la importancia de la coordinación con organizaciones de la sociedad civil y entre instituciones, de la recopilación y análisis de datos y de la cooperación internacional en la materia (párrafos 34 y 35).

Considerando ese marco normativo, cada vez más desarrollado gracias a las normas de *soft law*, el Comité CEDAW examina periódicamente el cumplimiento de dichas responsabilidades por parte de los estados, tras recabar información de los gobiernos y de organizaciones de la sociedad civil.

En el caso de España, se publicaron las Observaciones Finales sobre el último informe periódico[8] en mayo de 2023, el noveno[9] desde que España ratificara la CEDAW en 1983.

Respecto a la violencia contra las mujeres, el Comité CEDAW valora positivamente la aprobación de la Ley Orgánica 10/2022, de 6 de septiembre, de garantía integral de la libertad sexual (en adelante, «Ley Orgánica de Libertad Sexual»), la Ley Orgánica 8/2021, de 4 de junio, de protección integral a la infancia y la adolescencia frente a la violencia y la Ley Orgánica 2/2020, de 16 de diciembre, de modificación del Código Penal para la erradicación de la esterilización forzada o no consentida de personas con discapacidad incapacitadas judicialmente. Asimismo, reconoce la importancia de que estén vigentes los siguientes Planes y Estrategias en materia de violencia machista: la Estrategia Estatal para Combatir las Violencias Machistas (2022-2025); el tercer Plan de Acción contra la Explotación Sexual de Niñas, Niños y Adolescentes del Sistema de Protección a la Infancia, en 2022; la Estrategia de Erradicación de la Violencia sobre la Infancia y la Adolescencia, en 2022 y el primer Plan de Inserción Sociolaboral para Víctimas de Trata, Explotación Sexual y para Mujeres y Niñas en Contextos de Prostitución (2022-2026). Ahora bien, recuerda la necesidad de llevar a cabo evaluaciones del impacto de esas normas y la importancia de garantizar la aplicación del principio de interseccionalidad de manera efectiva (párrafos 4 y 9).

Preocupa especialmente la prevalencia de la violencia contra las mujeres y, en especial, la vulnerabilidad de algunos colectivos con identidades interseccionales y la insuficiencia de esfuerzos y leyes integrales para hacer frente a

---

8   Todos los informes publicados por el Comité Cedaw, así como la información enviada a y por el estado español, y los informes y denuncias de la sociedad civil, están disponibles en la página web del Comité, en la sección dedicada a los Informes de los Estados. Más información en: https://tbinternet.ohchr.org/_layouts/15/treatybodyexternal/TB-Search.aspx?Lang=en&TreatyID=3&CountryID=163

9   Las Observaciones finales sobre el noveno informe periódico de España están disponibles en este enlace: https://docs.un.org/es/CEDAW/C/ESP/CO/9

formas específicas de violencia, como la trata de mujeres y niñas, el incesto, la ciberviolencia, el matrimonio forzado o la mutilación genital femenina. También alarma la falta de recursos para apoyar a los niños y niñas que han sido testigos de violencia machista y el *backlash* o efecto regresivo que ha tenido el principio de retroactividad y las reducciones de condena y excarcelaciones de detenidos condenados por violencia sexual como consecuencia de la entrada en vigor de la Ley Orgánica de libertad sexual. En consecuencia, se recuerda las obligaciones de evaluar los instrumentos y recursos en materia de violencia y aprobar leyes orgánicas específicas, reforzando la prevención y la protección de las supervivientes de todas las formas de violencia contra las mujeres (párrafos 24 a 27).

Por otra parte, observa con preocupación que, a pesar del establecimiento de juzgados especializados en investigaciones de violencia de género contra la mujer, «el enjuiciamiento de los responsables de actos de violencia de género no ha sido suficientemente eficaz, debido sobre todo a que es necesaria una mayor consolidación de la Convención en la cultura judicial del país». Recomienda, por tanto, que el Estado:

a) Lleve a cabo, en un plazo de tiempo razonable y partiendo de un enfoque participativo, una evaluación del impacto de los juzgados especializados centrada en la eficiencia de la tramitación de las denuncias;

b) Garantice una mejor atención y asistencia jurídica a las víctimas en el acceso a la justicia, en particular a las mujeres víctimas de la trata o solicitantes de asilo, y una mayor convergencia jurídica entre las 17 comunidades autónomas y las 2 ciudades autónomas de Ceuta y Melilla;

c) Refuerce el fomento de la capacidad y una mayor aplicación del marco legislativo pertinente para erradicar los estereotipos de género en el poder judicial, centrándose en la integración sistemática de la Convención en el razonamiento jurídico y la toma de decisiones» (párrafo 14).

En definitiva, el Comité CEDAW reconoce los avances que se han producido en España en los últimos años, pero apunta carencias y aspectos que deben ser mejorados para cumplir íntegramente con las obligaciones que emanan del marco internacional de derechos de las mujeres.

No podemos olvidar que el Comité CEDAW ha emitido tres dictámenes valorando que España ha incumplido las obligaciones derivadas de la CEDAW y ha vulnerado los derechos de las mujeres, en concreto en dos casos de violencia obstétrica[10] y en el conocido caso del asesinato de la hija de Ángela González Carreño[11]. Ahondaremos en los dos primeros en el capítulo VIII, dedicado a la violencia obstétrica.

2.2. La Relatora Especial sobre la violencia contra las mujeres y las niñas

La Relatora Especial sobre la violencia contra la mujer, sus causas y consecuencias es el primer mecanismo independiente de derechos dedicado específicamente a la erradicación de la violencia machista. Creado en 1994, publica informes temáticos anuales, visita estados, solicita y recibe información tanto de estados como de organismos internacionales y entidades de la sociedad civil y emite comunicaciones sobre casos concretos de violencia contra mujeres y niñas.

---

10 En 2020 se publica el Dictamen del Comité, en virtud del artículo 4.2 c, del Protocolo Facultativo respecto de la comunicación número 138/2018. Disponible en:
https://tbinternet.ohchr.org/_layouts/15/treatybodyexternal/Download.aspx?symbolno=CEDAW%2FC%2F75%2FD%2F138%-2F2018&Lang=en
En 2022 se publica el Dictamen aprobado por el Comité en virtud del artículo 7.3, del Protocolo Facultativo, respecto de la comunicación número 149/2019. Disponible en:
https://docs.un.org/es/CEDAW/C/82/D/149/2019

11 Dictamen adoptado por el Comité en su 58° período de sesiones (30 de junio a 18 de julio de 2014), disponible en: https://juris.ohchr.org/casedetails/1878/en-US

Respecto a España, ha emitido una decena de comunicaciones[12] sobre asuntos diversos, muchos de ellos firmados junto con el Grupo de Trabajo sobre la discriminación contra las mujeres y las niñas[13]:

- En 2014, expresa su preocupación por la vulneración de derechos que podría conllevar el proyecto de Ley Orgánica para la protección de la vida del concebido y los derechos de la mujer embarazada, que nunca llegó a aprobarse.

- En 2017, alerta sobre «la difamación, las intimidaciones, las expresiones sexistas y las amenazas de muerte en contra de la Sra. Helena Maleno Garzón, mismas que parecen relacionarse con su condición de mujer y con sus actividades como defensora de derechos humanos en la frontera sur de España». Asimismo, solicita «un debate abierto sobre los posibles abusos y el racismo institucional existente en la gestión de las problemáticas migratorias».

- En 2019, debido a la información recibida sobre el conocido caso de La Manada, recuerda que las sentencias y decisiones basadas en estereotipos y prejuicios de género constituyen una práctica discriminatoria contra las mujeres.

- Ese mismo año, se pronuncia sobre dos casos de arrancamiento de menores (niñas de 7 años) a sus madres, tras denunciar abusos sexuales de las niñas por parte del progenitor. Recuerda el caso de Ángela González Carreño y cómo una concepción estereotipada del Derecho puede conducir a minimizar situaciones de violencia contra las mujeres y las niñas, reforzando su vulnerabilidad.

---

12   Todas las comunicaciones están disponibles en el siguiente enlace: https://spcommreports.ohchr.org/TmSearch/Mandates?m=42&sort=country

13   Anteriormente denominado Grupo de Trabajo sobre la cuestión de la discriminación contra la mujer en la legislación y en la práctica, está formado por cinco expertas independientes, con representación geográfica equilibrada, que desarrollan su trabajo a través de comunicaciones, informes temáticos y visitas a los países. Más información en: https://www.ohchr.org/es/special-procedures/wg-women-and-girls

La retirada de la custodia a madres que denuncian abuso sexual y malos tratos de sus hijos e hijas por parte de los padres, a los que se atribuye la custodia exclusiva tras procesos judiciales en los que se alude explícita o implícitamente al falso síndrome de alienación parental (SAP), ha sido objeto de otras comunicaciones, concretamente en los años 2020 y 2021.

En definitiva, el marco internacional nos está dando algunas claves para continuar avanzando en la protección, atención y reparación a las supervivientes, así como en la persecución y sanción a los responsables de actos de violencia de género.

Referencias

- Declaración Universal de Derechos Humanos, 1948.
- Pacto Internacional sobre derechos civiles y políticos, 1966.
- Pacto Internacional sobre derechos económicos, sociales y culturales, 1966.
- Convención sobre la Eliminación de todas las formas de discriminación contra la mujer (CEDAW), 1979.
- Declaración sobre la eliminación de la violencia contra la mujer, 1993.
- Resoluciones Generales n.º 12, 19, 33 y 35 del Comité CEDAW, 1989 - 2017.
- Observaciones finales sobre el IX informe periódico de España, Comité CEDAW, 2023.
- Comunicaciones de la Relatora Especial sobre la violencia contra la mujer, sus causas y consecuencias sobre España 2014-2021.

CAPÍTULO II

EUROPA ANTE LA VIOLENCIA CONTRA LAS MUJERES: DEL CONVENIO DE ESTAMBUL A LA DIRECTIVA SOBRE LA VIOLENCIA CONTRA LAS MUJERES

Elena Laporta Hernández y Samara de las Heras Aguilera
Socias fundadoras de Fem Ius
Investigadoras y asesoras especializadas en
Feminismo Jurídico y derechos de las mujeres

1. Introducción

Al igual que ha ocurrido en el Derecho internacional de los derechos humanos, tanto en el ámbito de la Unión Europea como en el del Consejo de Europa asistimos a un lento proceso de universalización y especificación de los derechos que, en el caso de las mujeres y las niñas, incluye el reconocimiento de las violencias machistas, y de medidas necesarias para la prevención, protección y atención de las supervivientes y la persecución y sanción de los delitos en la materia.

1.1. El Consejo de Europa: el primer tratado europeo sobre violencia contra las mujeres

Concretamente en el Consejo de Europa tienen lugar una serie de iniciativas que comienzan tímidamente en los ochenta, en torno a la familia, avanzan en la década de los noventa, y se fortalecen a principios del siglo XXI con hitos como la Recomendación Rec (2002)5 de 30 de abril de 2002 sobre protección de las mujeres contra la violencia, junto con otras resoluciones y recomendaciones que solicitan a los estados estándares vinculantes para abordar las formas más graves de violencia contra las mujeres y las niñas, como la mutilación genital femenina o los matrimonios forzados.

Este proceso culmina con la adopción en 2011 del Convenio del Consejo de Europa sobre Prevención y Lucha contra la Violencia contra la Mujer y la Violencia Doméstica[1], (en adelante «Convenio de Estambul»)[2] el cual entra en vigor en 2014 y se convierte así en el primer instrumento vinculante sobre violencia contra las mujeres en Europa[3]. A día de hoy son 39 los Estados que lo han ratificado y hay 6 que solamente lo han firmado (Armenia, Bulgaria, Eslovaquia, Hungría, Lituania, República Checa). En cuanto a la Unión Europea, también lo ratifica en 2023, tras un largo proceso de bloqueo por parte de algunos estados y múltiples llamamientos por parte del Parlamento Europeo, y la intervención del Tribunal de Justicia de la Unión Europea. Quedan patentes las resistencias que aún existen frente a la criminalización de la violencia machista y la protección de las supervivientes[4].

---

1 Cabe precisar que unos años antes se habían adoptado el Convenio n.º 197 del Consejo de Europa sobre la lucha contra la trata de seres humanos, adoptado en Varsovia el 16 de mayo de 2005 y el Convenio del Consejo de Europa para la protección de los niños contra la explotación y el abuso sexual, adoptado en Lanzarote el 25 de octubre de 2007.

2 Disponible en: https://rm.coe.int/1680462543

3 En la práctica no se limita a los Estados integrantes del Consejo de Europa, pudiendo adherirse otros estados.

4 El Convenio de Estambul ha sido cuestionado desde su nacimiento, pero muy especialmente en los últimos años por parte de algunos estados y grupos religiosos con el pretexto de la llamada ideología de género. La radicalización del antifeminismo ha supuesto de hecho la retirada por parte de Turquía del Convenio en 2021, con el impacto que ello

Como su propio nombre indica, abarca tanto la violencia contra las mujeres como la violencia doméstica, una oportunidad perdida que la aleja de la normativa internacional y regional en la materia, como la Convención Interamericana para prevenir, sancionar y erradicar la violencia contra la mujer, más conocida como Convención Belém Do Parà, aprobada muchos años antes, en 1994, y que se centra exclusivamente en las violencias machistas.

A pesar de lo anterior, en Europa se convierte en un instrumento imprescindible. Reconoce en su preámbulo la naturaleza estructural de estas violencias, que son la causa y consecuencia de las relaciones de poder desiguales entre mujeres y hombres y plantea que su erradicación pasa por la realización de jure y de facto de la igualdad entre mujeres y hombres. En estos términos, aborda estas violencias como una violación de los derechos humanos y una forma de discriminación contra las mujeres (artículo 3) a través de un enfoque de derechos y de género que pone a las víctimas en el centro, tal y como propone la normativa en España.

Podría decirse que su objetivo principal es prevenir estas violencias, proteger a las víctimas y enjuiciar y sancionar a los agresores, y hacerlo a través de un marco global con políticas coordinadas (artículos 1 y 7) para lo que se tienen que dedicar recursos financieros y humanos adecuados (artículo 8). Ese enfoque integral lo encontramos también en las normas aprobadas por España para luchar contra la violencia de género y la violencia sexual.

El Convenio de Estambul se aplica a todas las formas de violencia contra las mujeres, así como a la violencia doméstica, que reconoce que afecta a las mujeres de manera desproporcionada (artículo 2). Además de la cláusula antidiscriminatoria del artículo 4.3, en el artículo 3 concreta qué es la violencia contra las mujeres y cuáles son sus causas.

- «Violencia contra las mujeres», que define como «todos los actos de violencia basados en el género que impli-

---

tiene. No podemos olvidar que el Convenio lleva el sobrenombre de la capital, Estambul. También ha sido sonado el caso del gobierno polaco, que amenaza con retirarse, aunque de momento no lo ha hecho.

can o pueden implicar para las mujeres daños o sufrimientos de naturaleza física, sexual, psicológica o económica, incluidas las amenazas de realizar dichos actos, la coacción o la privación arbitraria de libertad, en la vida pública o privada».

- «Violencia contra las mujeres por razones de género», que engloba «toda violencia contra una mujer porque es una mujer o que afecte a las mujeres de manera desproporcionada». Además, hoy en día se considera que esta expresión abarca cualquier tipo de daño perpetrado contra una persona o grupo de personas debido a su sexo, género, orientación sexual y/o identidad de género, de hecho, o percibida[5].

Con el fin de combatirla, exige que se adopten las medidas legislativas o de otro tipo que sean necesarias para promover y proteger el derecho de las mujeres a vivir a salvo de la violencia tanto en el ámbito público como en el ámbito privado (artículo 4), exigiendo a los Estados que se abstengan de cometer actos de violencia contra las mujeres y de que quienes actúan en nombre del Estado se comporten de acuerdo con esta obligación, debiendo actuar con la diligencia debida para prevenir, investigar, castigar e indemnizar por los actos de violencia cometidos por actores no estatales (artículo 5), debiendo comprometerse a incluir un enfoque de género en la aplicación y la evaluación del impacto de las disposiciones del Convenio (artículo 6).

Especifica, además, varias formas de violencia que deben ser tipificadas como delito o, en su caso, mediante otras sanciones: la violencia psicológica, el acoso, la violencia física, sexual (incluida la violación), el matrimonio forzado, la mutilación genital femenina, el aborto y esterilización forzada y el acoso sexual.

No es objeto de este informe detallar el contenido del Convenio ni hacer un análisis sobre el mismo, pero sí es pertinente señalar que parte de cuatro pilares clave: la preven-

---

5   Más información en: https://www.coe.int/en/web/gender-matters/what-is-gender-based-violence

ción, la protección, el enjuiciamiento y la implementación de políticas coordinadas, a través de los cuales establece un conjunto de obligaciones legales y medidas concretas. Y cuenta además con un mecanismo de seguimiento integrado por dos órganos: el Grupo de Expertos en la lucha contra la violencia contra las mujeres y la violencia doméstica, más conocido por sus siglas, GREVIO y el Comité de las Partes.

Al GREVIO, que vela por la aplicación del Convenio, le corresponde llevar a cabo procedimientos de evaluación que concluyen con la publicación de un informe que contiene un conjunto de propuestas y sugerencias que posteriormente son objeto de seguimiento y revisión por el Comité de las Partes (artículo 68). También puede organizar visitas a los Estados en los términos previstos en el Convenio, así como realizar informes especiales de urgencia cuando sea necesario para prevenir violencias graves, masivas o persistentes contra las mujeres. Y puede además adoptar recomendaciones generales sobre la aplicación del Convenio (artículo 69); de hecho, recientemente ha aprobado la primera sobre la dimensión digital de la violencia contra las mujeres[6].

Por otro lado, el Comité de las Partes, compuesto por representantes de los Estados que se han adherido a la Convención, se encarga de dar seguimiento a los informes y conclusiones del GREVIO, pudiendo adoptar recomendaciones dirigidas al Estado que corresponda sobre las medidas que deben adoptarse para ponerlas en práctica.

Con ese marco, desde la aprobación del Convenio de Estambul se han logrado avances en algunos estados europeos, aunque su implementación ha sido dispar. En ese sentido, el GREVIO ha identificado una serie de cuestiones pendientes de implementar, habituales entre los Estados parte:

– Adoptar enfoques integrales para todas las formas de violencia contra las mujeres, siendo habitual que se limiten a la violencia doméstica. Esta cuestión es una asignatura pendiente en España respecto a distintas formas

---

6   Disponible en inglés: https://rm.coe.int/grevio-rec-no-on-digital-violence-against-women/1680a49147

de violencia, porque si bien es cierto que contamos con leyes orgánicas específicas para abordar la violencia de género por parte de la pareja o expareja y la violencia sexual, hay otras manifestaciones de violencia contra las mujeres que no han sido reguladas desde un enfoque integral. Es el caso, entre otras, de la trata de mujeres y niñas, la violencia obstétrica o la mutilación genital femenina;

– Ampliar el alcance, la distribución geográfica y la financiación de los servicios de apoyo especializados;

– Abordar las barreras físicas, comunicativas, culturales y administrativas que impiden el acceso en condiciones de igualdad a la protección, el apoyo y la justicia a las mujeres en riesgo de sufrir discriminación interseccional;

– Capacitar a los profesionales en la prevención y detección de la violencia y en las necesidades y derechos de las víctimas;

– Garantizar la recopilación sistemática de datos administrativos y judiciales comparables, desglosados por sexo y que abarquen todas las formas de violencia contra las mujeres;

– Identificar y abordar las razones por las que no se registran todas las denuncias de violencia contra las mujeres, así como las bajas tasas de enjuiciamiento y condenas en los casos de violencia contra las mujeres;

– Garantizar que los tribunales tengan en cuenta los incidentes de violencia contra las mujeres a la hora de determinar la custodia de los hijos y los derechos de visita;

– Garantizar la aplicación efectiva de las órdenes de protección y su disponibilidad para todas las mujeres víctimas de violencia, independientemente de los procedimientos judiciales relacionados[7].

Contamos además con información específica sobre los estados miembro porque, como decíamos, el GREVIO

---

7   Información disponible en:
    https://rm.coe.int/sustaining-progress-towards-ending-violence-against-women-and-girls/1680ab671f

elabora informes de seguimiento en el marco de su procedimiento de evaluación desde el año 2016. En el caso de España han publicado dos informes hasta la fecha. El primero, en 2020, sobre la aplicación general del Convenio de Estambul. El segundo[8], en el marco de la primera ronda de evaluación temática, iniciada en 2023, cuyo objetivo es evaluar los avances respecto a un número concreto de disposiciones del Convenio para garantizar un enfoque centrado en las víctimas, así como sobre la prestación de servicios generales y especializados.

Ese informe, publicado en 2024, nos permite ya adelantar algunos de los logros y retos pendientes, al menos a ojos del GREVIO. Nos vamos a referir a algunos de ellos enfocándonos, en el caso de los retos pendientes, en las medidas más generales que aplican a cualquier forma de violencia machista.

Dicho esto, el GREVIO reconoce que España ha sido pionera en la adopción de leyes y políticas públicas para prevenir y combatir la violencia contra las mujeres, empezando por la aprobación hace ya algo más de 20 años de la Ley Orgánica 1/2004 de Medidas de Protección Integral contra la Violencia de Género.

También que ha seguido ampliando el marco legislativo y político de lucha contra las violencias machistas con instrumentos como la Ley Orgánica 2/2020, de modificación del Código Penal para la erradicación de la esterilización forzada o no consentida de personas con discapacidad incapacitadas judicialmente, la Ley Orgánica 8/2021 de protección integral a la infancia y la adolescencia frente a la violencia (en adelante «LOPIVI»), la Ley Orgánica 10/2022 de garantía integral de la libertad sexual, el Plan conjunto plurianual en materia de violencia contra las mujeres (2023-2027), especialmente por lo que aporta a la cooperación y coordinación estatal y autonómica entre todas las instituciones y administraciones competentes y la Estrategia Estatal para combatir

---

8   Disponible en:
https://violenciagenero.igualdad.gob.es/wp-content/uploads/GREVIO202411_First-thematic-evaluation-report_Spain_ES.pdf

las violencias machistas 2022-2025, que aborda explícitamente todas las formas de violencia de género contempladas en el Convenio de Estambul.

No obstante le preocupa que, aunque se estén ampliando las definiciones de violencia contra las mujeres, con la introducción de formas como la violencia institucional, la violencia obstétrica y la vulneración de derechos sexuales y reproductivos, la violencia de segundo orden o la violencia contra las mujeres en la política, el hecho de que existan distintas regulaciones en el ámbito estatal y autonómico está generando divergencias en la aplicación del Convenio a lo largo del Estado con diferentes grados de protección y apoyo a las mujeres víctimas, por lo que considera necesario una mayor armonización en línea con las disposiciones del Convenio.

De hecho, es una constante a lo largo del informe la recomendación de que se amplíen las medidas en vigor para la violencia por la pareja a las otras formas de violencia cubiertas por el Convenio en materia de prevención, atención (general y especializado) y protección.

Preocupa también que los derechos no se garantizan por igual a todas las mujeres y niñas. Y aunque reconoce mejoras, con la aprobación de leyes y políticas públicas que incorporan la interseccionalidad, siguen existiendo impedimentos para acceder a la protección y al apoyo, así como falta de conocimientos sobre la materia por parte de muchos profesionales. Recomienda, por tanto, que se tomen medidas para garantizar la aplicación de políticas y que se cubran las necesidades específicas de las mujeres víctimas expuestas a discriminación interseccional.

En materia de reconocimiento de las víctimas, preocupa también los diferentes enfoques para acreditar la situación de violencia de género y aunque valora positivamente los avances (en particular, el Acuerdo sobre los Procedimientos básicos para la acreditación administrativa de las situaciones de violencia de género de la Conferencia Sectorial de Igualdad) considera que continúan existiendo diferentes estándares para acceder a los servicios prestados por las administraciones autonómicas en función del tipo de violencia machista. Solicitan, en consecuencia, simplificar y armonizar el proceso para garantizar el acceso rápido y efectivo a los servicios de protección y apoyo independientemente de la forma de violencia que hayan sufrido, así como establecer servicios de asesoramiento y apoyo en forma de ventanilla única.

Respecto a los servicios generales de apoyo, recomienda mejorar las medidas para garantizar un acceso adecuado y continuar reduciendo las disparidades regionales. Y aunque el GREVIO ha ensalzado en el pasado la red de servicios especializados existentes en el Estado español para las víctimas de violencia de pareja, también ha subrayado la necesidad de ampliarlos a otras formas de violencia, algo que ha mejorado en esta última evaluación, especialmente en lo que se refiere a la violencia sexual, aunque queda mucho margen de maniobra por lo que recomienda que se tomen medidas para garantizar que todas las víctimas tengan acceso efectivo a servicios de apoyo especializados accesibles y de calidad.

En el marco de los procesos judiciales, el GREVIO ha señalado varias cuestiones que deben tenerse presentes en las distintas etapas del proceso. Entre ellas:

- Identificar y abordar los factores que impiden a las mujeres y niñas denunciar sus experiencias de violencia, incluida la victimización secundaria;

- Investigar los factores que conducen a la no finalización de los procesos judiciales;

- Aplicar plenamente las herramientas existentes para mejorar la recogida de pruebas durante las investigaciones;

- Eliminar la centralidad de la declaración de la víctima en los procesos penales y mejorar la protección de las víctimas contra todas las formas de violencia contempladas en el Convenio de Estambul;

- Aumentar la precisión de la evaluación del riesgo y ampliarla a todas las formas de violencia;

- Aplicar las medidas de protección a las víctimas de todas las formas de violencia contra las mujeres;

– Investigar las tasas todavía elevadas de denegación de órdenes de protección en algunas partes del estado.

Subraya, además, la importancia de haber mejorado la seguridad de los y las menores y sus madres con las modificaciones legislativas[9] sobre guarda y custodia y régimen de visita y estancia en los casos en que haya indicios fundados de violencia doméstica o de género (artículos 92 y 94 CC), así como los pasos dados en la LOPIVI para frenar el uso del síndrome de alienación parental y recomienda revisar la práctica judicial en relación con las disposiciones legales que obligan a los jueces a retirar la custodia y los derechos de visita en los casos de separación de los padres con antecedentes de violencia; garantizar que los centros de visitas supervisadas cuentan con los recursos adecuados y se centran en la seguridad de las mujeres y de sus hijos e hijas; aumentar los esfuerzos para prevenir la victimización secundaria de las mujeres; tomar medidas para garantizar que los centros de visitas supervisados cuenten con los recursos adecuados, se centren en la seguridad de los niños, las niñas y sus madres y eviten la victimización secundaria de las mujeres y, por último, intensificar las medidas para reforzar la cooperación interinstitucional y el intercambio de información entre los tribunales civiles y los tribunales penales.

Precisamente esa es otra de las grandes lagunas que identifican: las carencias, en general, en la coordinación para lograr una aplicación coherente de las políticas existentes a escala estatal, regional y local, por lo que sugiere que se establezcan mecanismos de cooperación multiinstitucional que

---

9   Con posterioridad a la publicación del informe de evaluación temática del GREVIO se ha creado un grupo de expertas para mejorar la normativa contra violencias hacia la infancia y adolescencia. Más información en: https://www.juventudeinfancia.gob.es/es/comunicacion/notas-prensa/inicia-trabajo-del-grupo-expertas-del-ministerio-ju-ventud-e-infancia.
Además, habrá que hacer seguimiento del anteproyecto de Ley Orgánica de medidas en materia de violencia vicaria aprobado el 30 de septiembre en Consejo de Ministros (disponible en: https://www.igualdad.gob.es/comunicacion/sala-de-prensa/el-conse-jo-de-ministros-aprueba-el-anteproyecto-de-ley-organica-de-me-didas-en-materia-de-violencia-vicaria/), así como de las propuestas anunciadas por el Ministerio de Juventud e Infancia.

abarquen todas las formas de violencia en los que participen los organismos competentes, incluidas las ONG que prestan servicios de apoyo especializados.

Respecto a la recopilación de datos, clave como reconoce el propio GREVIO para analizar el impacto de las leyes y políticas destinadas a combatir las violencias machistas, valora positivamente cuestiones como el alcance del término feminicidio, el hecho de que haya cada vez más información sobre el número de víctimas de la violencia sexual, o la cantidad de datos recogidos en el marco del procedimiento judicial, pero preocupa que los datos sobre otras violencias no sean públicos, que el seguimiento de los casos desde la denuncia hasta la decisión judicial solo se produzca en el caso de los feminicidios y la fragmentación de la recogida de datos que obstaculiza una visión de conjunto. Por ello sugiere que se continúe con el proceso de mejora de la recopilación de datos y, muy especialmente, que se armonicen entre las fuerzas y cuerpos de seguridad del Estado y el Poder Judicial, con el fin de permitir el seguimiento de un caso a través de las diferentes etapas del proceso penal para evaluar cuestiones como los porcentajes de condenas, reincidencia y casos cuya tramitación judicial no prospera; que se armonicen los datos del sector sanitario en todo el país, incluyendo los casos de contacto de las víctimas con los proveedores de atención primaria y servicios perinatales; y que, en el caso de los servicios sociales se recopilen datos en relación con todas las formas de violencia contra las mujeres.

Aunque pone en valor la asignación y el aumento de fondos para prevenir y combatir la violencia contra las mujeres, advierte de la existencia de medidas fragmentadas y niveles desiguales de protección, por lo que recomienda que se establezcan prioridades y objetivos de gasto, reforzando especialmente las orientaciones proporcionadas a las autoridades locales y regionales, así como a las ONG de mujeres que gestionan servicios especializados de apoyo, sobre el uso de los fondos recibidos para la aplicación del Pacto de Estado contra la Violencia de Género.

Considera también necesario mejorar la formación de los y las profesionales que están en contacto con las víctimas y con los agresores, incluida la judicatura, sobre todas las formas de violencia incluidas en el Convenio y las necesidades específicas de las mujeres pertenecientes a grupos vulnerables, así como evaluar periódicamente esa formación, acompañando la formación de protocolos para identificar, prestar apoyo y derivar a las víctimas a otros servicios.

Por último, pone el foco en la evaluación. Si bien es cierto que recientemente se han dado pasos para mejorar las deficiencias, preocupa la falta de una evaluación sistemática, exhaustiva e independiente por lo que pide que se profundice en esta área, sobre la base de indicadores predefinidos.

1.2. Unión Europea: una directiva para luchar contra las (ciber) violencias contra las mujeres

En el ámbito de la Unión Europea, es importante comenzar señalando que la pasada legislatura (2019-2024) ha sido un periodo de particular progreso en cuanto los derechos de las mujeres. Se han logrado situar en el centro de la agenda política reivindicaciones históricas del movimiento feminista que hasta ahora habían sido ignoradas, como la lucha contra la violencia machista, el reconocimiento del impacto de género de los cuidados o la importancia de garantizar los derechos sexuales y reproductivos. En algunos casos, esas demandas han cristalizado en Directivas de obligado cumplimiento (por ejemplo, en relación a la violencia contra las mujeres, la trata de personas o la transparencia salarial), en otros en instrumentos sin esa fuerza vinculante pero estableciendo orientaciones concretas a los estados (como la Estrategia Europea de Cuidados[10]) o en resoluciones del Parlamento Europeo, que a pesar de carecer del apoyo de otras instituciones europeas, cabe considerar logros significativos (como la Resolución sobre la situación de la salud y los derechos sexuales y reproductivos en la Unión, en el marco

---

10 Disponible en: https://eur-lex.europa.eu/legal-content/ES/TXT/PDF/?uri=COM:2022:440:FIN

de la salud de las mujeres[11], la Resolución para la inclusión del derecho al aborto en la Carta de los Derechos Fundamentales de la Unión Europea[12] o la Resolución para que se reconozca la violencia contra las mujeres como un eurodelito[13]). Sin olvidar la ya citada adhesión de la Unión Europea al Convenio de Estambul o la Decisión 2024/1018 del Consejo, de 25 de marzo de 2024, por la que se invita a los Estados miembros a que ratifiquen el Convenio sobre la violencia y el acoso, 2019 (número 190) de la Organización Internacional del Trabajo.

Con ese contexto proclive a los avances en materia de derechos de las mujeres y a pesar del auge de las extremas derechas y de un pensamiento reaccionario que se articula globalmente en torno al antifeminismo, se aprueba la Directiva (UE) 2024/1385 del Parlamento Europeo y del Consejo, de 14 de mayo de 2024, sobre la lucha contra la violencia contra las mujeres y la violencia doméstica (en adelante, «Directiva sobre la violencia contra las mujeres») siguiendo el procedimiento[14] habitual para aprobar una norma que es vinculante para los estados, aunque exige su trasposición.

No podemos olvidar que, en la Unión Europea, antes de la aprobación en 2024 de la Directiva sobre la violencia contra las mujeres no existía ningún acto legislativo específico que regulara de manera integral la violencia contra las mujeres. Considerando que sólo dos estados miembros, España y Suecia, tienen normas específicas en la materia, y que una de cada tres mujeres europeas sufre violencia machista y una de cada dos mujeres jóvenes enfrenta ciberviolencia, no cabe sino considerar un avance contar con un instrumento

---

11   Disponible en: https://www.europarl.europa.eu/doceo/document/TA-9-2021-0314_ES.html

12   Disponible en: https://www.europarl.europa.eu/doceo/document/TA-9-2024-0286_ES.html

13   Disponible en: https://www.europarl.europa.eu/doceo/document/TA-9-2021-0388_ES.html#title1

14   El procedimiento detallado y los documentos asociados están disponibles en el siguiente enlace: https://eur-lex.europa.eu/legal-content/EN/HIS/?uri=CELEX:32024L1385

que facilita un conjunto de normas mínimas exigibles en todos los estados que conforman la Unión Europea. Y aunque quedaron temas pendientes, es relevante recordar que la legislatura estaba terminando y urgía aprobar la Directiva, ante la previsión de que en la siguiente legislatura cambiara el reparto de escaños y la situación fuera más adversa para lograr ese hito.

Precisamente el enfoque integral es otra de sus fortalezas, porque a pesar del foco en la definición y persecución y sanción de los delitos, la Directiva sobre la violencia contra las mujeres exige a los estados actuaciones en el ámbito de la prevención y de la protección de las víctimas. En ese sentido es importante precisar que las disposiciones relativas a los derechos deben aplicarse a todas las víctimas de todos los delitos reconocidos en la propia directiva, pero también a los reconocidos en el Derecho de los Estados miembro. En el caso de España se debe aplicar, por tanto, a los casos de violencia sexual, de acoso sexual y por razón de sexo y al aborto y la esterilización forzados, por citar ejemplos que no han quedado recogidos como delitos en la directiva europea.

Se complementa el enfoque integral con una perspectiva de derechos, de género e interseccional, en línea con la CEDAW y el Convenio de Estambul, al reconocer que la violencia contra las mujeres es estructural, que pone en riesgo la igualdad y la no discriminación y tiene particularidades que exigen una respuesta acorde a las necesidades especiales de las víctimas, teniendo presente la interseccionalidad de discriminaciones y el contexto patriarcal. Si bien es cierto que se menciona la interseccionalidad y algunos colectivos que pueden enfrentar situaciones de especial vulnerabilidad, como las mujeres migrantes o los y las menores de edad, cabe afirmar que la protección de sus derechos y necesidades específicas ha quedado desdibujada.

En definitiva, desconociendo en este momento cómo van a transponer e implementar la Directiva sobre la violencia contra las mujeres los Estados miembros, cabe destacar la importancia de su aprobación, a pesar de las controversias que ha suscitado y de sus carencias.

Una de las cuestiones más controvertidas ha sido la no inclusión de la violencia sexual[15] entre los delitos regulados en el Capítulo II, que lleva por título «Delitos relacionados con la explotación sexual de mujeres y menores y con la delincuencia informática». Aunque en la propuesta inicial de la Comisión Europea sí aparecía, y el Parlamento Europeo no sólo lo había valorado positivamente, sino que propuso una definición más amplia y compleja, finalmente en el texto aprobado se recogen los siguientes delitos: mutilación genital femenina (artículo 3), matrimonio forzado (artículo 4), difusión no consentida de material íntimo o manipulado (artículo 5), ciberacecho (artículo 6), ciberacoso (artículo 7) e incitación a la violencia o al odio por medios cibernéticos (artículo 8).

Se argumentó, en contra, que la Unión Europea sólo tiene competencias para legislar sobre los delitos reconocidos en el artículo 83.1 del Tratado de Funcionamiento de la Unión Europea[16], es decir, sobre los llamados eurodelitos que, en este caso, son los relacionados con la explotación sexual y la delincuencia informática. Sin embargo, se han recogido

---

15   A pesar de la no inclusión, no hay que perder de vista tres cuestiones: se introduce el apoyo especializado para las víctimas de violencia sexual (artículo 26); se incorpora el artículo 35, sobre medidas específicas para prevenir la violación y promover el papel fundamental del consentimiento en las relaciones sexuales; y existe la posibilidad de introducirla la violencia sexual como tipo penal en el futuro tal y como ha quedado expresamente recogido en el artículo 45.

16   El artículo 83.1. del TFUE señala que «El Parlamento Europeo y el Consejo podrán establecer, mediante directivas adoptadas con arreglo al procedimiento legislativo ordinario, normas mínimas relativas a la definición de las infracciones penales y de las sanciones en ámbitos delictivos que sean de especial gravedad y tengan una dimensión transfronteriza derivada del carácter o de las repercusiones de dichas infracciones o de una necesidad particular de combatirlas según criterios comunes. Estos ámbitos delictivos son los siguientes: el terrorismo, la trata de seres humanos y la explotación sexual de mujeres y niños, el tráfico ilícito de drogas, el tráfico ilícito de armas, el blanqueo de capitales, la corrupción, la falsificación de medios de pago, la delincuencia informática y la delincuencia organizada. Teniendo en cuenta la evolución de la delincuencia, el Consejo podrá adoptar una decisión que determine otros ámbitos delictivos que respondan a los criterios previstos en el presente apartado. Se pronunciará por unanimidad, previa aprobación del Parlamento Europeo». Disponible en: https://www.boe.es/doue/2010/083/Z00047-00199.pdf

tipos penales que es discutible que encajen en dicha definición en un ejercicio de toma de decisiones políticas, que podría haberse producido también en el caso de la violencia sexual. Como también es una decisión política de ciertos estados la de rechazar que la violencia contra las mujeres se incluya en ese listado, como ha propuesto la mayoría del Parlamento Europeo.

No obstante, esto no tiene consecuencias directas en el caso español puesto que, por un lado, se considera que las violencias sexuales son una forma de violencia contra las mujeres (y por lo tanto aplica la Directiva en su conjunto más allá de los tipos penales, concretamente los capítulos 3 a 7); por otro, los delitos contra la libertad sexual ya fueron modificados de acuerdo a lo contemplado en la Ley Orgánica 10/2022, de 6 de septiembre, de garantía integral de la libertad sexual (disposición final cuarta) para adecuarlos a las obligaciones derivadas del Convenio de Estambul (que la Directiva toma como referencia). Más allá de esta cuestión, resulta también polémica la decisión de regular en una misma Directiva sobre la violencia contra las mujeres, que se produce por el hecho de ser mujeres, y la violencia doméstica, que puede afectar a distintas personas y no tener necesariamente un componente estructural, ni patriarcal, ni discriminatorio. Es cierto que en este punto se sigue la estela del Convenio de Estambul, pero ese enfoque conlleva confusión y desdibuja la lucha contra las distintas formas de violencia.

Por último, se ha cuestionado también que prevalezca un enfoque penal. No ayuda que comience con la definición de los delitos y de las sanciones y que, ni siquiera en el capítulo I, dedicado a las definiciones, se nombren las distintas manifestaciones de la violencia contra las mujeres. Se recoge, eso sí, una definición amplia de violencia contra las mujeres entendida como «todo acto de violencia de género dirigido contra una mujer o una niña por el hecho de ser mujer o niña, o que afecten de manera desproporcionada a mujeres o niñas, que causen o sea probable que causen daños o sufrimientos de naturaleza física, sexual, psicológica o económica, incluidas las amenazas de realizar tales actos, la coacción o la privación arbitraria de libertad, tanto si se producen en la vida pública como en la vida privada» (artículo 2.a).

Y es que hay que ir a los considerandos de la Directiva para encontrar algunas de las manifestaciones y una aclaración no menor como es que esta Directiva no aborda todas las conductas delictivas que constituyen violencia machista: «Por último, determinados delitos con arreglo al Derecho nacional entran dentro de la definición de violencia contra las mujeres. Esto incluye delitos como el feminicidio, la violación, el acoso sexual, los abusos sexuales, el acecho, el matrimonio precoz, el aborto forzado, la esterilización forzada, y diferentes formas de ciberviolencia, como el acoso sexual en línea y el cibermatonismo *(cyber bullying)*. La violencia doméstica es una forma de violencia que podría estar tipificada penalmente de manera específica en el Derecho nacional o quedar subsumida en delitos cometidos dentro de la unidad familiar o doméstica o entre cónyuges o excónyuges o parejas o exparejas, tanto si comparten un hogar como si no. Cada Estado miembro puede adoptar una interpretación más amplia de lo que constituye violencia contra las mujeres con arreglo al Derecho penal nacional. Cabe señalar que la presente Directiva no aborda todo el espectro de conductas delictivas que constituyen violencia contra las mujeres» (considerando 9).

A pesar de esas carencias, es importante destacar algunos avances importantes tanto en el ámbito de la protección y acceso a la Justicia como en el de la atención y la prevención, sin olvidar las necesarias medidas de coordinación y cooperación y la recogida y análisis de datos, que permitirá en el futuro evaluar las mejoras y los retrocesos en los distintos estados miembros.

En cuanto a la protección de las víctimas y el acceso a la Justicia (capítulo III) debemos destacar las siguientes cuestiones:

- Se exige que se faciliten canales de denuncia accesibles, fáciles de usar, seguros y con disponibilidad inmediata. Se debe garantizar la asistencia jurídica gratuita a las víctimas.

- Todos los servicios y agentes de investigación y enjuiciamiento deben disponer de «conocimientos especializados adecuados y de herramientas de investigación eficaces».

– En la fase más temprana posible, se hará una evaluación individual para determinar las necesidades de protección de las víctimas, en colaboración con todas las autoridades competentes pertinentes. Se menciona expresamente que se tendrá en cuenta la discriminación interseccional, «así como el propio relato de la víctima y su valoración de la situación. Se efectuará para favorecer el mejor interés de la víctima, prestando especial atención a la necesidad de evitar la victimización secundaria o reiterada».

– Cuando proceda, la evaluación individual se realizará en colaboración con otras autoridades competentes y con los servicios de apoyo pertinentes, «como los centros de protección para las víctimas, los servicios especializados, los servicios sociales, los profesionales de la salud, los refugios, los servicios de apoyo especializado y otras partes interesadas pertinentes». Se prevé asimismo la derivación a servicios especializados de apoyo si se valora positivo.

– Se designarán uno o varios organismos para a) publicar informes y formular recomendaciones sobre cualquier cuestión relacionada con la violencia contra las mujeres y la violencia doméstica, en particular recopilando las buenas prácticas existentes, y b) intercambiar la información disponible con los organismos europeos pertinentes, como el Instituto Europeo de la Igualdad de Género. A efectos del párrafo primero, los Estados miembros podrán consultar a las organizaciones de la sociedad civil.

– Se recoge el derecho a la indemnización a cargo de los agresores.

Respecto a esa última cuestión, cabe afear que no se haya avanzado hacia un modelo que garantice la reparación de las víctimas, que no puede limitarse a una indemnización económica que, en muchos casos, tampoco se cobra.

En cuanto a las medidas de atención a las víctimas (capítulo IV), cabe valorar positivamente que se prevean servicios de apoyo especializado independientemente de la denuncia, y que deban ser integrales, presenciales y accesibles y bien dotados económicamente. Asimismo, cabe destacar las siguientes cuestiones:

- Los servicios especializados funcionarán incluso en situaciones de crisis.

- Se garantizarán además líneas telefónicas de ayuda a nivel estatal, gratuitas, veinticuatro horas al día y siete días a la semana, para proporcionar información y asesoramiento a las víctimas.

- Se establecerán protocolos para los profesionales de la salud, de servicios sociales, y de los servicios especializados, para facilitar la derivación, la coordinación y la atención.

- Se prevén medidas específicas para colectivos vulnerables y, en particular, para menores, víctimas con necesidades interseccionales, migrantes.

Respecto a la prevención e intervención temprana (capítulo V), podemos destacar las siguientes propuestas:

- Se plantean acciones de información sobre las medidas preventivas, los derechos de las víctimas, el acceso a la justicia y a asistencia letrada, así como las medidas de protección y apoyo disponibles.

- Se propone la realización de campañas o programas de concienciación específicos dirigidos al público desde una edad temprana, con el fin de rebatir los estereotipos de género perjudiciales, promover la igualdad de género, el respeto mutuo y el derecho a la integridad personal, y animar a todas las personas, sobre todo a los hombres y niños, a actuar como modelos positivos a seguir, para favorecer los cambios de comportamiento correspondientes en el conjunto de la sociedad.

- Específicamente se menciona la necesidad de reducir la demanda de víctimas de explotación sexual; aumentar la concienciación respecto de las prácticas nocivas de la mutilación genital femenina y el matrimonio forzado; y abordar específicamente los ciberdelitos.

– Se recogen medidas específicas para prevenir la violación y promover el papel fundamental del consentimiento en las relaciones sexuales, «que debe darse voluntariamente como resultado del libre albedrío de la persona».

– Se recuerda la importancia de la formación de los profesionales con probabilidad de entrar en contacto con las víctimas (policía, personal de órganos jurisdiccionales, de la salud, educación, servicios sociales, supervisores en empresas privadas), para prevenir, detectar y abordar la violencia, y tratar a las víctimas tomando en consideración las condiciones de trauma, el género y las necesidades específicas en función de la edad. Importante: expresamente se recuerda que la formación debe basarse en derechos.

– Se propone el desarrollo de programas de intervención con agresores o potenciales agresores, no obligatorios.

No menos importantes son las ya citadas medidas en materia de coordinación y cooperación, tanto dentro del Estado como a nivel de la Unión Europea, que incluyen, por cierto, cuando sea necesario, consultarse mutuamente sobre casos particulares. Estas previsiones serán importantes considerando las lagunas identificadas por el GREVIO en esta área.

Por último, será necesario esperar a la transposición por parte de los estados miembros, y de España en particular, proceso que debe estar concluido en el año 2027. La propia Directiva sobre la violencia contra las mujeres contempla en sus Disposiciones Finales que en 2032 se evalúe su impacto, su aplicación por parte de los estados de la Unión Europea y la necesidad de ampliación, si fuera necesario, pensando entre otras cosas, en la violencia sexual como tipo penal.

Referencias

– Convenio del Consejo de Europa sobre Prevención y Lucha contra la Violencia contra la Mujer y la Violencia Doméstica, 2011.

- GREVIO, General Recommendation N.º 1 on the digital dimension of violence against women, 2021.

- Primer informe de evaluación temática «Generar confianza ofreciendo apoyo, protección y justicia», GREVIO, España, 2024.

- Directiva (UE) 2024/1385 del Parlamento Europeo y del Consejo, de 14 de mayo de 2024, sobre la lucha contra la violencia contra las mujeres y la violencia doméstica.

CAPÍTULO III

UNA APROXIMACIÓN AL ABORDAJE DE LA VIOLENCIA DE GÉNERO EN ESPAÑA

Tania García Sedano

Jurista, Doctora en Derecho, ex Presidenta de la Asociación Pro Derechos Humanos de España

1. Introducción

La Ley Orgánica 1/2004, de Medidas de Protección Integral contra la Violencia de Género *supuso un cambio de paradigma en el abordaje de la violencia de género, en cuanto que por primera vez en nuestro ordenamiento jurídico*[1] se define legalmente superando el concepto de violencia doméstica y se crea un marco de derechos y políticas públicas para la protección integral de las víctimas.

Circunscribe el concepto, en su artículo 1 párrafo 1.º que establece «tiene por objeto actuar contra la violencia que, como manifestación de la discriminación, la situación de desigualdad y las relaciones de poder de los hombres sobre

---

[1] Su carácter pionero se proyecta a nivel internacional, regional y supranacional.

las mujeres, se ejerce sobre éstas por parte de sus parejas o exparejas, aún si convivencia». El mismo precepto en su párrafo 3.° concreta a qué se refiere el concepto de violencia de género afirmando que: «comprende todo acto de violencia física y psicológica, incluidas las agresiones a la libertad sexual, las amenazas, las coacciones o la privación arbitraria de libertad».

Así, explicita el carácter estructural de esta forma de violencia estableciendo que «se trata de una violencia que se dirige sobre las mujeres por el hecho mismo de serlo, por ser consideradas, por sus agresores, carentes de los derechos mínimos de libertad, respeto y capacidad de decisión»[2].

La Ley incorpora un abordaje holístico que incide en todas las esferas desde las que se construye y perpetúa la violencia. Para ello, establece medidas en materia de sensibilización, prevención, detección e intervención en los ámbitos educativos, sociales, asistenciales y de atención posterior a las víctimas, como la normativa civil que incide en el ámbito familiar o de convivencia donde principalmente se producen las agresiones, así como el principio de subsidiariedad en las Administraciones Públicas. Además, crea órganos con competencias específicas como la Delegación Especial del Gobierno contra la Violencia sobre la Mujer y el Observatorio Estatal de Violencia sobre la Mujer (Oddo Beas, 2005).

Igualmente se aborda con decisión la respuesta jurisdiccional en el ámbito punitivo que deben recibir todas las manifestaciones de violencia que esta Ley regula[3] (Villacampa Estiarte, 2008). Ello supuso la creación de juzgados especializados en violencia de género con competencia tanto civil como penal, la creación de la fiscalía especializada contra la Violencia sobre la Mujer, la previsión de formación específica, no obligatoria, de operadores jurídicos y fuerzas y cuerpos de seguridad del Estado y la creación y la puesta en marcha de protocolos de actuación coordinados (Luaces Gutiérrez, 2009).

---

2   Exposición de Motivos, párrafo I.

3   Exposición de Motivos, párrafo II.

En ese sentido, se articula sobre cinco títulos, de ellos el Título I se rubrica «Medidas de sensibilización, prevención y detección» y el Título II «Derechos de las mujeres víctimas de violencia de género».

La Ley aborda estas dos dimensiones de aproximación de la violencia de género conforme a la estructura descentralizada de nuestro país. Por ello, tanto las comunidades autónomas como las corporaciones locales tienen un papel protagónico como refleja el artículo 19 de la misma.

Todas las comunidades autónomas, cada una dentro de su ámbito competencial, han aprobado leyes autonómicas con este objeto. En ese sentido, sin carácter exhaustivo, pueden referirse la Ley 5/2005, de 20 de diciembre, integral contra la violencia de género de la Comunidad de Madrid, Ley 5/2008, de 24 de abril, del derecho de las mujeres a erradicar la violencia machista, de la Comunidad Autónoma de Cataluña, entre otras muchas[4].

En relación con la prevención, el artículo 3, establece la obligación la elaboración de un Plan Nacional de Sensibilización y Prevención de la Violencia de Género «que introduzca en el escenario social las nuevas escalas de valores basadas en el respeto de los derechos y libertades fundamentales y de igualdad entre hombres y mujeres, así como en el ejercicio de la tolerancia y de la libertad dentro de los principios democráticos de convivencia, todo ello desde la perspectiva de género». El Plan, además, debe dirigirse «tanto a hombres como a mujeres desde un trabajo comunitario e intercultural». Se han aprobado varios planes y en ellos la concurrencia de las distintas administraciones es imprescindible[5].

Asimismo, se han aprobado dos Pactos de Estado, el primero el Pacto de Estado, aprobado por la Comisión de Igual-

---

4   Las distintas normativas autonómicas están disponibles en el siguiente enlace: https://violenciagenero.igualdad.gob.es/profesionalesinvestigacion/protocolosambitoautonomico/normativa/

5   A la fecha está vigente la Estrategia Estatal para combatir las Violencias Machistas 2022-2025, disponible en: https://violenciagenero.igualdad.gob.es/planes-actuacion/estrategiasestatales/estrategia-2022-2025/

dad del Congreso de los Diputados el 28 de julio de 2017 y el segundo aprobado el 26 de febrero de 2025.

Mediante el Real Decreto-ley 9/2018, de Medidas urgentes para el desarrollo del Pacto de Estado contra la violencia de género, se otorga competencia a los ayuntamientos en materia de «*actuaciones en la promoción de la igualdad entre hombres y mujeres así como contra la violencia de género*», que en coordinación con las comunidades autónomas adquieren una relevancia sin parangón en la prevención de la violencia de género.

En la dimensión referida a los derechos de las víctimas, el precitado Real Decreto-ley posibilitó acreditar situaciones de violencia de género mediante títulos no judiciales para el acceso a derechos, recursos y prestaciones, artículo 23, con lo que se amplían los cauces para el acceso a la protección social integral a las víctimas de violencia de género.

2. La legislación penal en materia de violencia de género

La LO 1/2004 supuso un hito en la regulación en España de la, entonces mal llamada, violencia doméstica, si bien es cierto que previamente se llevaron a cabo modificaciones en el ordenamiento jurídico que incidieron en esta materia, aún sin nombrar específicamente la violencia de género y sin tener la pretensión de abordarla de manera integral.

2.1. Antecedentes

La primera vez que el ordenamiento jurídico español tipificó una de las manifestaciones de la violencia doméstica fue mediante la LO 3/1989 de 21 de junio de actualización del Código Penal, incluyendo el delito de violencia habitual en el ámbito familiar[6]. La inclusión de este delito se articuló junto con la inclusión de la falta de malos tratos familiares en el

---

6   «El que habitualmente u con cualquier fin ejerza violencia física sobre su cónyuge o persona a la que estuviese unido por análoga relación de afectividad, así como sobre los hijos sujetos a la patria potestad, o

artículo 583.2 del Código Penal. No obstante, la aplicabilidad de ambos delitos suscitó numerosas dificultades tanto por la categorización del sujeto activo como por el concepto de habitualidad.

Con posterioridad, en el año 1999 se aprobó la LO 14/99 de 9 de junio, de modificación del Código Penal en materia de protección a las víctimas de malos tratos y de la Ley de Enjuiciamiento Criminal con el objetivo, según la propia Exposición de Motivos, de «incluir determinadas acciones legislativas encaminadas a la modificación del Código Penal y de la Ley de Enjuiciamiento Criminal para lograr la erradicación de las conductas delictivas consistentes en malos tratos, a la par que otorgar una mayor y mejor protección a las víctimas de tan deplorables conductas».

Con posterioridad, se aprobó la Ley 38/2002, de 24 de octubre, de reforma parcial de la Ley de Enjuiciamiento Criminal sobre procedimiento para el enjuiciamiento rápido e inmediato de determinados delitos y faltas y de modificación del procedimiento abreviado que se materializó mediante la creación del procedimiento para el enjuiciamiento rápido de determinados delitos. Entre esos delitos se encuentran los mencionados en el artículo 795 de la Ley de Enjuiciamiento Criminal que también fija los requisitos cumulativos que deben concurrir para seguir el trámite procesal rápido, en los que con posterioridad se constituirían como juzgados de violencia sobre la mujer con el límite penológico —delitos castigados con pena privativa de libertad que no exceda de cinco años, o con cualesquiera otras penas, bien sean únicas, conjuntas o alternativas, cuya duración no exceda de diez años, cualquiera que sea su cuantía—, la presentación de un atestado policial con denunciado identificado y detenido para su puesta a disposición judicial, siempre que haya podido ser citado para su comparecencia, y se trate de delitos de lesiones, coacciones, amenazas o violencia física o psíquica habitual, cometidos contra las personas a que se refiere el artículo 173.2 del Código Penal.

---

pupilo, menor o incapaz sometido a su tutela o guarda de hecho, será castigado con la pena de arresto mayor».

Mediante la Ley 27/2003, de 31 de julio, reguladora de la orden de protección de las víctimas de violencia doméstica, se introdujo el artículo 544 ter de la Ley de Enjuiciamiento Criminal regulador de la orden de protección. La orden de protección se configuraba como una resolución judicial que consagraba el «estatuto de protección integral» de las víctimas de violencia doméstica. La orden de protección exigía como presupuestos para su adopción la existencia de indicios fundados de la comisión de delitos de violencia doméstica y de una situación objetiva de riesgo para la víctima. La protección se articulaba mediante la adopción de medidas cautelares civiles y/o penales, además de activar las medidas de asistencia y protección social necesarias.

La Ley Orgánica 11/2003, de 29 de septiembre, de medidas concretas en materia de seguridad ciudadana, violencia doméstica e integración social de los extranjeros transformó determinadas faltas en delitos cuando se hubieran perpetrado en el ámbito doméstico.

2.2. La Ley Orgánica 1/2004 de protección integral contra la violencia de género

Como se adelantaba la Ley Orgánica 1/2004 de 28 de diciembre, reguladora de medidas de protección integral contra la violencia de género, construye un nuevo modelo que no dejó a nadie indiferente. Así, tenemos que recordar la resistencia inicial de quienes cuestionaban la constitucionalidad de la norma por la supuesta vulneración de principios fundamentales como la igualdad, la proporcionalidad y la culpabilidad; el cuestionamiento por la delimitación subjetiva de la ley al establecerse su aplicabilidad a delitos cometidos en el contexto de una relación de pareja, dejando fuera otras manifestaciones graves de violencia hacia las mujeres (Maqueda Abreu, 2006).

Ha sido la regulación jurídico penal más controvertida y, por ende, la más cuestionada e impugnada. El Tribunal Constitucional ha declarado, sin embargo, su constitucionalidad en numerosas ocasiones; destacamos las Sentencias 59/2008 de 14 de mayo, 45/2009 de 19 de febrero (respecto de las amenazas leves) y 127/2009 de 26 de mayo (respecto de las coacciones leves).

En concreto, la Sentencia del Tribunal Constitucional 59/2008 sienta la legitimidad del derecho penal asimétrico por resultar «proporcionada porque está «significativamente limitada» la diferenciación frente a la finalidad de protección: la libertad, integridad física, psíquica y moral de las mujeres respecto a un tipo de agresiones, de las de sus parejas o exparejas masculinas, que tradicionalmente han sido a la vez causa y consecuencia de su posición de subordinación».

2.3. Modificaciones posteriores a la Ley Orgánica 1/2004

La Ley Orgánica 5/2010 de 22 de junio, por la que se modifica la Ley Orgánica 10/1995, de 23 de noviembre, del Código Penal no tiene demasiada incidencia en el contexto que nos ocupa. No obstante, procede a adecuar la regulación del delito de trata de seres humanos a los compromisos internacionalmente asumidos por nuestro país (García Sedano, 2020). Así, se procede a la creación del Título VII bis, denominado «De la trata de seres humanos»[7].

Fue la Ley Orgánica 1/2015, de 30 de marzo, por la que se modifica la Ley Orgánica 10/1995, de 23 de noviembre, del Código Penal, la que introdujo relevantes modificaciones que supusieron un avance en la consolidación del nuevo paradigma.

En primer lugar, se incorpora el género como motivo de discriminación en la agravante 4.ª del artículo 22. La razón que lo justifica es que el género, entendido de conformidad con el Convenio n.º 210 del Consejo de Europa sobre prevención y lucha contra la violencia contra las mujeres y la violencia doméstica, aprobado en Estambul por el Comité de Ministros del Consejo de Europa el 7 de abril de 2011, como «los papeles, comportamientos o actividades y atribuciones socialmente construidos que una sociedad concreta consi-

---

7   Exposición de Motivos, párrafo XII.

dera propios de mujeres o de hombres», puede constituir un fundamento de acciones discriminatorias diferente del que abarca la referencia al sexo.

Además, se amplía el ámbito de la medida de libertad vigilada. Esta medida, que fue introducida en el Código Penal mediante la reforma operada por la Ley Orgánica 5/2010, de 22 de junio, también se podrá imponer en todos los delitos contra la vida, y en los delitos de malos tratos y lesiones cuando se trate de víctimas de violencia de género y doméstica.

Por otro lado, la desaparición de las faltas, y la adecuación de los tipos penales que ello comporta, no impide mantener la diferenciación en el tratamiento de los delitos relacionados con la violencia de género, con el fin de mantener un nivel de protección más elevado. De este modo, aunque la nueva categoría de delitos leves requiera, con carácter general, de la denuncia previa de la perjudicada, este requisito de perseguibilidad no se va a exigir en las infracciones relacionadas con la violencia de género. Tampoco se exigirá denuncia en estos casos para la persecución del delito de acoso.

Finalmente, en relación con los dispositivos telemáticos para controlar las medidas cautelares y las penas de alejamiento en materia de violencia de género, se están planteando problemas sobre la calificación penal de ciertas conductas del imputado o penado tendentes a hacerlos ineficaces y para evitarlo se tipifican expresamente estas conductas dentro de los delitos de quebrantamiento, a fin de evitar la impunidad de los actos tendentes a alterar o impedir el correcto funcionamiento de dichos dispositivos (Otero González, 2012).

La Ley Orgánica 3/2007, de 22 de marzo, para la Igualdad efectiva de mujeres y hombres introduce como novedad más relevante la regulación de la prevención de las conductas discriminatorias, y la previsión de políticas activas para hacer efectivo el principio de igualdad.

Tras proclamar que hombres y mujeres son iguales en dignidad, derechos y deberes, su artículo 1, declara que tiene por objeto hacer efectivos los derechos de igualdad de trato y de igualdad de oportunidades entre mujeres y hombres, en particular mediante la eliminación de la discriminación de la mujer, sea cual fuere su circunstancia o condición, en cualesquiera de los ámbitos de la vida y, singularmente, en las esferas política, civil, laboral, económica, social y cultural para, en el desarrollo de los artículos 9.2 y 14 de la Constitución, alcanzar una sociedad más democrática, más justa y más solidaria.

Ciertamente, la Ley Orgánica 1/2004 de 28 de diciembre, reguladora de medidas de protección integral contra la violencia de género, reconoce que «las situaciones de violencia sobre la mujer afectan también a los menores que se encuentran dentro de su entorno familiar, víctimas directas o indirectas de esta violencia. La Ley contempla también su protección no sólo para la tutela de los derechos de los menores, sino para garantizar de forma efectiva las medidas de protección adoptadas respecto de la mujer»[8].

Sin embargo, no fue hasta la Ley Orgánica 8/2021, de 4 de junio cuando se introdujo en el párrafo 1.º de la Ley Orgánica 1/2004, que amplía el concepto de violencia de género: «también comprende la violencia que con el objetivo de causar perjuicio o daño a las mujeres se ejerza sobre sus familiares o allegados menores de edad por parte de las personas indicadas en el apartado primero».

Esta reforma es relevante, también porque reforma el Código Civil, por lo que a este aspecto resulta relevante, el artículo 158 del Código Civil, con el fin de que el órgano jurisdiccional pueda acordar la suspensión cautelar en el ejercicio de la patria potestad y/o el ejercicio de la guarda y custodia o del régimen de visitas y comunicaciones, a fin de apartar al menor de un peligro o de evitarle perjuicios en su entorno familiar o frente a terceras personas.

Pese al reconocimiento de la violencia sobre los niños, niñas y adolescentes debe mejorarse la detección de las situaciones de violencia contra la infancia cometidas de forma instrumental y deben estudiarse las necesidades y

---

8   Exposición de Motivos, párrafo II.

las carencias estructurales para garantizar el ejercicio de los derechos de las víctimas de violencia extrema, en concreto, su derecho a la reparación, en todos los procedimientos administrativos judiciales.

Esta cuestión no puede desvincularse del conocido como síndrome de alienación parental, sobre el que deben tener formación todos los operadores, garantizando la prohibición de la mediación o coordinación parental.

La disposición final primera de la Ley Orgánica 10/2022, de 6 de septiembre, de Garantía de la Libertad Sexual, incorpora la figura de la revocación de la renuncia de la acción civil por parte de la víctima, cuando los efectos del delito fueran más graves de lo previsto inicialmente, o si la renuncia pudo estar condicionada por la relación de la víctima con alguna de las personas responsables del delito.

La última reforma operada en este contexto se ha articulado a través de Ley Orgánica 1/2025, de 2 de enero, de medidas en materia de eficiencia del Servicio Público de Justicia que ha modificado artículo 89 de la Ley Orgánica del Poder Judicial, asignando a las Secciones de Violencia sobre la Mujer la responsabilidad de los procesos relacionados con delitos contra la libertad sexual, mutilación genital femenina, matrimonio forzado, acoso con connotación sexual y trata con fines de explotación sexual cuando la víctima sea mujer. Así se daría cumplimiento a lo estipulado en la Ley Orgánica 10/2022, de 6 de septiembre, de Garantía de la Libertad Sexual, que exigía ampliar las competencias de estos juzgados a los delitos indicados en un plazo de un año, y especializar a los jueces y juezas titulares de estos órganos, igualmente se avanza en el cumplimiento a los compromisos asumidos por España al ratificar el Convenio de Estambul en 2014.

3. Retos legislativos

El concepto violencia de género se refiere únicamente a la violencia ejercida por las parejas o exparejas, aún sin convivencia, manifestación de la discriminación, situaciones de desigualdad y las relaciones de poder de los hombres sobre las mujeres que se explicite en actos de violencia física y psicológica, incluidas las agresiones a la libertad sexual, las amenazas, las coacciones o la privación arbitraria de libertad.

La Ley Orgánica 1/2004 se refiere únicamente al ámbito de la pareja, expareja, relación conyugal o exconyugal, cuando la CEDAW y el Convenio de Estambul, reconocen que la violencia contra las mujeres abarca todas las formas y ámbitos de este tipo de violencia, incluyendo, entre otras, manifestaciones como la violencia económica, el matrimonio forzado, la violencia sexual y la violencia simbólica en medios de comunicación o en redes sociales.

En relación con la circunstancia agravante de alevosía, sería adecuado proceder a una reforma que positivice la convivencial o doméstica (aunque de facto ha sido consagrada jurisprudencialmente).

Sobre la circunstancia atenuante de confesión existen posturas divergentes. Hay quienes consideran que debería derogarse y quienes consideran que debe mantenerse. En este último caso, conforme a la doctrina jurisprudencial del Tribunal Supremo si se trata de hechos que son evidentes no será objeto de aplicación. Por el contrario, si estamos ante un hecho de difícil esclarecimiento la atenuante puede ser útil.

Sería deseable una mejora de la formulación de la conducta típica prevista en el artículo 450 del Código Penal, en cuanto que el bien jurídico protegido tiene naturaleza colectiva y no un mero interés de la víctima, puesto que vulnera los derechos humanos que se erigen como fundamento del orden político y de la paz social.

Es imprescindible la tipificación de la violencia económica, para ello debería incluirse entre las formas de violencia enunciadas en el artículo 1 de la Ley Orgánica 1/2004 y proceder a una reforma de los artículos 227 y siguientes sobre el impago de pensiones y el alzamiento de bienes.

En relación con el delito de amenazas sería óptimo suprimir la exigencia de que el mal anunciado tenga que haber llegado a conocimiento de la amenazada y ello en atención al bien jurídico protegido, que es la protección de la víctima y no tanto su tranquilidad interior.

Es imprescindible que se incremente el número de juzgados especializados de violencia sobre la mujer. Desde se aprobó la Ley Orgánica 1/2004 de Violencia de Género solamente se han creado 106 juzgados exclusivos de violencia sobre la mujer en España, cuando existen 431 partidos judiciales.

4. Conclusión

En estos veinte años de vigencia de la Ley Orgánica 1/2004 se ha logrado establecer un marco legal esencial para la sensibilización social y el avance en la protección de las víctimas de violencia de género. Pese al cuestionamiento de la legislación que aborda la violencia de género como un fenómeno estructural, no podemos ocultar sus aspectos transformadores de la sociedad española.

En ese sentido, tanto los datos del Instituto Nacional de Estadística que contiene un análisis secuencial desde el año 1999[9] como los boletines estadísticos de la Delegación de Gobierno para la Violencia de género[10] posibilitan concluir que el modelo diseñado tiene coherencia y proyección (sería relevante exigir la inclusión de parámetros cualitativos). No obstante, sería deseable un mayor compromiso de los distintos niveles organizativos con la erradicación de la violencia de género dentro de sus ámbitos competenciales.

No podemos negar el riesgo que suponen los gobiernos de extrema derecha para el abordaje de este fenómeno. Así, el partido ultraderechista Vox en su documento Agenda España[11] proclama su propósito de «derogación inmediata de la Ley Integral de Violencia de Género, que consagra la

---

9   https://www.ine.es/jaxi/Datos.htm?path=/t00/mujeres_hombres/tablas_1/l0/&file=v02001.px#_tabs-grafico

10   https://violenciagenero.igualdad.gob.es/violenciaencifras/boletines/anuales/

11   https://www.voxespana.es/agenda-espana

asimetría penal y la desigualdad entre hombres y mujeres y atenta contra los pilares básicos del Estado de derecho».

Bibliografía

GARCÍA SEDANO, T (2020). *El delito de trata de seres humanos: el artículo 177 bis del código penal.* Reus, Madrid.

LUACES GUTIÉRREZ, A. I. (2009). «Necesidad de una justicia especializada en violencia de género: Especial referencia a los juzgados de violencia sobre la mujer». *Revista de Derecho UNED*, (4), 297-317.

MAQUEDA ABREU, M. L. (2006). «La violencia contra las mujeres: una revisión crítica de la Ley Integral». *Revista Penal*, 17(1), 176-184.

ODDO BEAS, B. (2005). «Análisis de la violencia de género en España: la Ley Orgánica 1/2004 de medidas de protección integral contra la violencia de género». *Revista De Las Cortes Generales*, (64), 111-146.

VILLACAMPA ESTIARTE, C (2008) *Violencia de género y sistema de justicia penal.* Tirant lo Blanch, Valencia.

OTERO GONZÁLEZ, P. (2012). «Monitorización electrónica en el ámbito penitenciario». *ICADE. Revista De La Facultad De Derecho*, (74), 161-197.

PARTE II

CAPÍTULO IV

VIOLENCIA CONTRA LA INFANCIA EN CONTEXTOS DE VIOLENCIA DE GÉNERO

Isabel Diez Velasco

*Vicepresidenta de APDHE y Co-fundadora de MEDUSA
Abogadas y Consultoras de Derechos Humanos*

1. Introducción

La violencia de género continúa siendo una de las principales vulneraciones de derechos humanos que afectan a mujeres en todo el mundo. En el ámbito familiar, esta violencia no solo tiene consecuencias directas sobre las mujeres que la sufren, sino que impacta gravemente sobre sus hijas e hijos, quienes durante mucho tiempo han permanecido invisibilizados en el diseño de políticas públicas y en los marcos normativos de protección. La consideración de los niños y niñas como víctimas directas de la violencia de género constituye un logro jurídico de enorme relevancia, que plantea desafíos importantes tanto en el ámbito legislativo como en la práctica judicial y administrativa.

Este artículo analiza la situación actual de la infancia en estos contextos, centrándose en la evolución del marco jurídico, las medidas de prevención y protección, y los principales desafíos en la aplicación efectiva de los derechos reconocidos. El trabajo se organiza en torno a siete apartados que abordan, de forma progresiva, la evolución del reconocimiento legal, las medidas institucionales existentes, el tratamiento del interés superior de la infancia, y una reflexión final sobre los avances logrados y los retos pendientes.

2. Evolución del reconocimiento jurídico y social de la infancia víctima de violencia en contextos de género

La visibilización de los niños y niñas como víctimas directas de la violencia de género en el ámbito familiar es un logro relativamente reciente en el desarrollo normativo y político. Históricamente, la respuesta institucional a la violencia de género se ha centrado casi exclusivamente en la protección de las mujeres adultas, ignorando los efectos devastadores que esta violencia tiene sobre sus hijas e hijos. Esta omisión respondía a una concepción adultocéntrica de la violencia, que relegaba a los niños y niñas al estatus de «testigos» o «daños colaterales».

2.1. Ámbito internacional y regional

Las niñas, niños y adolescentes que viven en entornos familiares donde sus madres son maltratadas por sus parejas o exparejas también sufren violencia de género. No obstante, en el marco normativo internacional y regional, la ambigüedad conceptual entre «violencia de género» y «violencia doméstica» ha dificultado el reconocimiento de estos niños y niñas como víctimas directas, tanto en los instrumentos jurídicos como en su interpretación (Reyes, 2019).

A nivel internacional, los principales instrumentos que abordan la violencia en el ámbito familiar son la Convención sobre la Eliminación de Todas las Formas de Discriminación contra la Mujer (CEDAW) y la Convención sobre los Derechos del Niño (CDN). La Recomendación General n.º 19 del Comité CEDAW (1992) y la Recomendación n.º 35 (2017) reconocen la violencia de género como una forma de discriminación estructural basada en el género, que puede manifestarse en cualquier ámbito, incluido el doméstico. Sin embargo, a pesar de que estas recomendaciones prevean que, por ejemplo, las medidas de protección hacia las mujeres deben tener en cuenta a sus hijos e hijas, no abordan la violencia que sufren los hijos e hijas directamente.

Por su parte, el Comité de los Derechos del Niño, en su Observación General n.º 13 (2011), alude a la exposición a la violencia doméstica como una forma de «violencia mental» (párr. 21.e), lo cual implica un cierto reconocimiento del daño psicológico sufrido por la infancia. Sin embargo, este enfoque no se acompaña de una categorización específica de la violencia de género ni del reconocimiento expreso de la infancia como víctima directa. Esta omisión ha sido objeto de crítica en la doctrina, que advierte del riesgo de invisibilizar el impacto estructural de la violencia machista sobre niños y niñas.

Cabe destacar que la Observación General conjunta del Comité CEDAW y el Comité de los Derechos del Niño sobre las prácticas nocivas, adoptadas de manera conjunta (2014) avanza hacia un enfoque más inclusivo, al subrayar que los niños también pueden ser víctimas de violencia, prácticas nocivas y prejuicios de género, y que las políticas deben orientarse a su protección frente a estas manifestaciones. Por su parte, las Observaciones Finales del Comité de los Derechos del Niño a España (2018) recomiendan reforzar la coordinación institucional en las respuestas a la violencia contra la infancia, incluyendo expresamente una perspectiva de género. En la misma línea, el Comité CEDAW, en su noveno informe periódico sobre España (2023), se refiere a los niños y niñas como víctimas directas o indirectas de la violencia de género, si bien mantiene la diferenciación con la violencia doméstica (párr. 24 y 25).

En el ámbito europeo, el Convenio del Consejo de Europa sobre prevención y lucha contra la violencia contra las mujeres y la violencia doméstica (Convenio de Estambul, 2011) ha supuesto un avance significativo al establecer una distinción entre violencia de género y violencia doméstica. Este instrumento define la violencia contra las mujeres como una violación de derechos humanos, y la violencia doméstica como aquella que puede ejercerse en el entorno familiar o íntimo, sin importar el sexo de la víctima.

No obstante, esta distinción ha generado confusión en algunos sistemas nacionales, incluido el español, al emplear el término «violencia doméstica» de forma diferente. La falta de un enfoque claro centrado en la violencia machista ha contribuido a que, incluso en informes de evaluación como el de GREVIO (2020), se continúe diferenciando entre niñas y niños que sufren violencia directamente y quienes solo la presencian. Esto, sin embargo, contraviene la legislación española que, desde 2015, reconoce a toda la infancia expuesta a esta violencia como víctima directa.

La reciente Directiva (UE) 2024/1385 del Parlamento Europeo y del Consejo, de 14 de mayo de 2024, sobre la lucha contra la violencia contra las mujeres y la violencia doméstica representa otro paso importante al establecer un marco armonizado para combatir la violencia contra las mujeres y la violencia doméstica, como se ha apuntado en el primer capítulo. Sin embargo, su tratamiento de la infancia sigue siendo limitado: solo reconoce como víctimas directas a los niños y niñas que presencian la violencia, sin recoger expresamente el concepto de violencia vicaria ni profundizar en los derechos específicos de la infancia víctima de violencia de género.

La evolución del marco internacional y regional ha sido irregular a la hora de reconocer el carácter específico de la violencia de género ejercida contra la infancia. Esta falta de claridad ha influido directamente en la construcción del marco nacional, que, pese a sus avances, también ha transitado un camino fragmentado y tardío hacia el reconocimiento efectivo de estos niños y niñas como víctimas.

2.2. Ámbito estatal

En España, el primer reconocimiento legislativo como víctimas de los hijos e hijas de mujeres víctimas de violencia de género aparece en la Ley Orgánica 1/2004, de 28 de diciembre, de Medidas de Protección Integral contra la Violencia de Género (en adelante, «Ley Orgánica 1/2004»). Sin embargo, en ese momento su papel era accesorio, como personas afectadas colateralmente, sin consideración de víctimas por derecho propio.

Este cambio comienza a gestarse en 2015, con reformas legislativas de gran calado. La Ley Orgánica 8/2015, de 22 de julio, de modificación del sistema de protección a la infancia y a la adolescencia (en adelante, «Ley Orgánica 8/2015») modificó la Ley 1/2004 para reconocer expresamente a los niños y niñas como víctimas directas o indirectas cuando conviven en entornos donde la violencia se ejerce sobre su madre. A esta reforma se sumó la Ley 26/2015, de 28 de julio, de modificación del sistema de protección a la infancia y a la adolescencia (en adelante, «Ley 26/2015»), que consagra el principio del interés superior del menor como eje rector de toda intervención que les afecte, y la Ley 4/2015, del Estatuto de la Víctima del Delito (en adelante, Ley 4/2015) que refuerza el derecho de los hijos e hijas de las mujeres maltratadas al acceso a servicios de apoyo y asistencia.

A pesar de estos avances normativos, su impacto fue limitado en la práctica. Fue el Pacto de Estado contra la Violencia de Género de 2017 el que marcó un punto de inflexión al incorporar el concepto de violencia vicaria como «el daño más extremo que puede ejercer el maltratador hacia una mujer: dañar y/o asesinar a los hijos/as». El Pacto estableció un eje específico de intervención centrado en los niños y niñas y subrayó la necesidad de medidas coordinadas, especializadas y sostenidas para reparar los efectos de esta violencia en su desarrollo psicológico, social y educativo.

La consolidación normativa de esta perspectiva se produjo con la aprobación de la Ley Orgánica 8/2021 de protección integral a la infancia y la adolescencia frente a la violencia (en adelante, LOPIVI). Esta ley no solo reconoce formalmente a los niños y niñas como víctimas de violencia de género, sino que establece un enfoque integral orientado a la prevención, detección, atención y reparación, incorporando un diseño institucional centrado en los derechos de la infancia y el principio de no revictimización.

En este contexto, en febrero del 2025 se aprobó la renovación del Pacto de Estado contra la Violencia de Género, ampliando significativamente el alcance y profundidad de las medidas. Entre los avances más relevantes en relación con la infancia, el nuevo Pacto incorpora un conjunto específico de actuaciones contra la violencia vicaria. Dentro del eje 3.7. destaca especialmente la medida 244, que propone la elaboración del primer Plan de Actuación y Desarrollo de los derechos de los niños y niñas como víctimas directas de la violencia de género, dirigido específicamente al ámbito judicial, familiar, servicios sociales y recursos especializados. Esta medida constituye un paso decisivo hacia el reconocimiento operativo y no solo declarativo de los derechos de la infancia en contextos de violencia de género.

Asimismo, la medida 247 ordena la actualización de protocolos de actuación contra la violencia de género sufrida por hijas e hijos de mujeres víctimas y supervivientes, con participación activa de niños, niñas y adolescentes. Estas medidas consolidan un enfoque integral centrado en el interés superior del menor, en línea con los principios recogidos en la LOPIVI.

La renovada estructura del Pacto de Estado refuerza así el marco normativo y político previo, aportando un enfoque de infancia al Pacto, así como instrumentos concretos para la detección, atención y reparación del daño causado por la violencia contra la infancia. Con ello, se sientan las bases para analizar en profundidad las estrategias preventivas y de protección dirigidas a la infancia.

3. Medidas de prevención

En los últimos años, la sensibilización y la prevención han sido reconocidas como pilares fundamentales para erradicar las violencias contra la infancia y la adolescencia en contextos de violencia de género. Tanto la Estrategia Estatal de Derechos de la Infancia y la Adolescencia (2023-2030) como la Estrategia de Erradicación de la Violencia sobre la Infancia y Adolescencia (2023-2030) insisten en que «la prevención y eliminación de la violencia precisa un cambio cualitativo en la percepción social de la infancia y de la violencia que sufren». Desde esta perspectiva, se plantea la necesidad de un proceso de sensibilización a gran escala que promueva la visión de niños y niñas como sujetos de derechos, y que visibilice las múltiples formas de violencia que les afectan, incluyendo sus causas estructurales, impactos específicos y las obligaciones institucionales de prevención y reparación.

En la misma línea, la Estrategia Estatal para Combatir las Violencias Machistas (2022-2025) identifica la sensibilización, prevención y detección como uno de los ejes estructurales en la lucha contra estas violencias. Sin embargo, la violencia que afecta a la infancia sigue estando insuficientemente reconocida en la práctica, lo que limita la eficacia de las medidas preventivas y perpetúa su invisibilización institucional.

Uno de los principales obstáculos para la protección efectiva de la infancia víctima de violencia de género reside en la falta de formación especializada y coordinada entre los diferentes profesionales que intervienen en su atención: personal de servicios sociales, cuerpos policiales, operadores jurídicos, equipos psicosociales, abogacía y fiscalía, entre otros. Si bien diversas leyes y estrategias —incluida la LOPIVI y el propio Pacto de Estado— han subrayado la necesidad de mejorar esta formación, su implementación sigue siendo fragmentaria, voluntaria y no evaluable (Sepur, B. *et al.* (2024) y Ministerio de Sanidad (2022)).

Este déficit se traduce en decisiones judiciales que ignoran antecedentes de violencia, valoraciones psicosociales realizadas sin enfoque de infancia, exploraciones judiciales omitidas, o en la persistencia de prácticas que colocan a la infancia en situaciones de riesgo (Sepur, B. *et al.*, 2024, p. 84 y ss). La medida 250 del renovado Pacto de Estado contra la violencia de género (2025) reconoce esta deuda estructural y establece como prioridad la formación especializada en violencia vicaria, dirigida a todos los sectores implicados, para prevenir y evitar eficazmente los daños físicos y psíquicos a los niños y niñas expuestos a esta violencia.

Esta falta de formación, junto con la falta de protocolos adaptados y recursos suficientes, comprometen el principio de interés superior del niño y la niña y evidencian la necesidad de una reforma institucional profunda.

4. Medidas de protección

En los contextos de violencia de género en el ámbito familiar, la protección efectiva de la infancia comienza antes incluso de la apertura formal de un procedimiento judicial. Existen medidas que resultan fundamentales para garantizar la seguridad y los derechos de niños y niñas, así como para determinar adecuadamente las decisiones que se adoptarán en sede judicial. Estas medidas abarcan la valoración inicial del riesgo, el acceso a la asistencia jurídica gratuita, y el reconocimiento institucional de la infancia como víctima directa de violencia de género.

Desde el punto de vista operativo, el sistema se activa mediante herramientas como el Protocolo Cero —dirigido al primer contacto policial— y el Sistema VioGén, encargado de evaluar el nivel de riesgo y activar medidas de protección en función del mismo. El Defensor del Pueblo (2022, p. 14) ya advertía sobre la necesidad de adaptar el VioGén a las necesidades específicas de la infancia, recomendando el uso de información complementaria procedente de los Servicios Sociales, centros educativos, Puntos de Encuentro Familiar y evaluaciones forenses. Pese a algunas incorporaciones recientes de indicadores infantiles en valoraciones de riesgo, la práctica nos revela que la incorporación de la perspectiva de infancia en estos protocolos sigue siendo un reto.

Además de esta respuesta operativa inmediata, el acceso a la asistencia jurídica gratuita es otro de los pilares de protección temprana. El artículo 14 de la LOPIVI y el artículo 2.h de la Ley 1/1996, de 10 de enero, de asistencia jurídica gratuita, reconocen este derecho a todos los niños y niñas víctimas de violencia de género, independientemente de su situación económica. Sin embargo, su aplicación efectiva es aún muy limitada: la representación letrada propia para los niños y niñas rara vez se activa salvo en casos de conflicto evidente de intereses con sus padres. Esto supone una vulneración de su derecho a ser escuchados y tratados como sujetos independientes, restringiendo su participación activa en los procedimientos que los afectan.

Este déficit se agrava por la falta de aplicación efectiva del reconocimiento de la infancia como víctima directa de violencia de género, introducido por la Ley Orgánica 8/2015 y reforzado por la LOPIVI, que modificaron el artículo 1 de la Ley 1/2004. Este reconocimiento legislativo, sin embargo, no ha sido acompañado por una acreditación administrativa individualizada para la infancia[1].

Las consecuencias de esta omisión son múltiples. En primer lugar, invisibiliza a niños y niñas como sujetos titulares de derechos, subordinando su protección a la denuncia de la madre. En segundo lugar, impide una evaluación adecuada del riesgo y de las medidas necesarias desde la perspectiva infantil. En tercer lugar, la falta de reconocimiento tiene efectos especialmente graves en contextos de migración en situación irregular, donde ni madres ni hijos e hijas pueden acceder a mecanismos de protección pese a su condición de víctimas. En cuarto lugar, los niños y niñas quedan excluidos de medidas y recursos prestacionales —como ayudas económicas, asistencia psicológica o soluciones habitacionales— que deberían estar directamente dirigidos a ellos como víctimas (Federación de Mujeres Jóvenes, 2022, p. 13 y 14).

En este sentido, el reconocimiento jurídico y la protección efectiva de la infancia en contextos de violencia de género

---

1   La Resolución de 2 de diciembre de 2021, de la Secretaría de Estado de Igualdad y contra la Violencia de Género, por la que se publica el Acuerdo de la Conferencia Sectorial de Igualdad, de 11 de noviembre de 2021, relativo a la acreditación de las situaciones de violencia de género establece los procedimientos básicos para la acreditación administrativa de las situaciones de violencia de género donde no se recoge la posibilidad de que se expida individualmente para la infancia.

exigen una aplicación práctica del enfoque de infancia que trascienda la dependencia de los procedimientos penales y permita ofrecer una respuesta integral, especializada y temprana. Sin estas medidas previas al procedimiento judicial, cualquier intervención posterior corre el riesgo de ser tardía, insuficiente o inadecuada.

Centrándonos en los procedimientos judiciales, cuando una mujer interpone una denuncia por violencia de género, se activan un conjunto de medidas de protección que pueden tener consecuencias tanto penales como civiles, especialmente relevantes cuando hay niñas y niños implicados. Estas medidas —en particular las que se adoptan en el marco de una orden de protección— tienen como finalidad no solo salvaguardar a la mujer, sino también garantizar la integridad y seguridad de sus hijas e hijos, reconocidos legalmente como víctimas directas.

En el ámbito penal, el artículo 544 ter de la Ley de Enjuiciamiento Criminal prevé que, al dictarse una orden de protección, el juzgado deba pronunciarse también sobre las medidas civiles cuando existan menores. Estas medidas pueden incluir: atribución de la guarda y custodia, suspensión del régimen de visitas, del ejercicio de la patria potestad, atribución del uso de la vivienda, y cualquier disposición que evite riesgos o perjuicios a los menores. A partir de la LOPIVI, se reforzó el deber del juez de suspender de forma automática el régimen de visitas cuando existan indicios fundados de que los niños y niñas han presenciado, sufrido o convivido con la violencia.

No obstante, la práctica judicial muestra importantes resistencias a aplicar estas suspensiones. Los datos del Consejo General del Poder Judicial (2023, p.17) indican que solo en un 12,75 % de los casos en 2023 se suspendió el régimen de visitas, y apenas en un 1,3 % se suspendió la patria potestad. Esta última medida, clave para evitar que el progenitor agresor siga ejerciendo violencia a través de elementos rutinarios —tales como la imposibilidad de acceder a atención psicológica sin autorización del progenitor violento o el impago de la pensión de alimentos—, sigue siendo excepcional. Concretamente, esta falta de formación hace referencia a la dificultad a la hora de distinguir entre la privación de la patria potestad como una medida penal, por un lado, de la privación del ejercicio de esta como una medida civil, por otro.

En el ámbito civil, estas medidas se vinculan a procedimientos de separación o divorcio donde hay hijos e hijas menores de edad. La Ley Orgánica 8/2021, de 2 de junio, por la que se reforma la legislación civil y procesal para el apoyo a las personas con discapacidad en el ejercicio de su capacidad jurídica modificó el artículo 94.4 del Código Civil, estableciendo que no procederá el régimen de visitas o estancia para el progenitor incurso en un proceso penal por violencia contra la madre o los hijos, salvo resolución motivada en sentido contrario basada en el interés superior del niño. Lo mismo ocurre con el artículo 92.7 CC, que prohíbe la guarda compartida en estos casos.

Sin embargo, el Tribunal Constitucional (STC 106/2022) aclaró que la autoridad judicial conserva la facultad de decidir motivadamente sobre estas medidas, valorando la gravedad del delito, su impacto en la relación paternofilial y las circunstancias del caso. Esta interpretación ha dado lugar, en la práctica, a un uso excesivo de la excepción, y a la persistencia de visitas incluso en presencia de antecedentes de violencia, lo que contradice el objetivo de la reforma legislativa y debilita la protección efectiva de la infancia.

A pesar de los avances legislativos, la protección en sede penal y civil continúa dependiendo de prácticas judiciales que priorizan la continuidad de las relaciones paternofiliales sobre la seguridad y las necesidades de la infancia víctima de violencia, muchas veces sin motivación suficiente y sin tener en cuenta la opinión ni el interés superior de los niños y niñas. La falta de aplicación plena de estas medidas refuerza la necesidad de un cambio estructural que sitúe verdaderamente a la infancia en el centro de las decisiones judiciales.

5. Un problema transversal: falta de evaluación y determinación del interés superior de la infancia y la aplicación de estereotipos de género

En los contextos de violencia de género, la protección efectiva de la infancia exige que todas las decisiones judiciales y administrativas estén guiadas por el interés superior del niño y la niña. Sin embargo, tanto la escucha activa de niñas y niños como la determinación razonada y motivada de su interés superior continúan siendo más una aspiración normativa que una práctica consolidada.

Uno de los pilares fundamentales para garantizar la protección del interés superior es el derecho de los niños y niñas a ser escuchados, recogido como derecho fundamental en el artículo 9 de la Ley Orgánica 1/1996, reforzado tras la reforma operada por la Ley Orgánica 8/2015, y desarrollado de manera específica en la LOPIVI. No obstante, este derecho se encuentra ampliamente limitado en la práctica, especialmente para menores de 12 años.

Incluso cuando las niñas y niños son escuchados, no siempre se garantizan condiciones adecuadas para ello. La escasa disponibilidad de equipos especializados, la falta de formación específica en infancia y violencia de género, y la carencia de recursos como cámaras Gesell impiden una intervención adaptada a sus necesidades (Sepur, B. *et al.*, 2024; Ávila, D. *et al.*, 2023).

Adicionalmente, la ausencia de una metodología homogénea para la evaluación del interés superior del menor, así como de criterios claros sobre cómo realizarla, refuerza aún más la arbitrariedad en la toma de decisiones.

Aunque la jurisprudencia del Tribunal Supremo (por todas, SSTS 129/2024, 258/2011, de 25 de abril; 823/2012, de 31 de enero de 2013; y 569/2016, de 28 de septiembre) y del Tribunal Constitucional (por todas, SSTC 99/2019, de 18 de julio, FJ 7.º; 178/2020, de 14 de diciembre FJ 3.º; y 81/2021, de 19 de abril, FJ 2.º; y 64/2019, de 9 de mayo, FJ 4.º) ha establecido que el interés superior del menor actúa como un principio de orden público, con preferencia sobre otros derechos e intereses en conflicto —incluso los de los progenitores—, su aplicación práctica sigue siendo débil. El legislador ha intentado revertir la regla general de mantenimiento de las relaciones parentales en contextos de violencia de género, estableciendo como norma la suspensión del contacto cuando existan indicios de violencia. Sin embargo, esta inversión teórica no se refleja en la práctica judicial, donde el mantenimiento del vínculo con el padre agresor continúa siendo habitual, incluso sin motivación suficiente que justifique cómo esta decisión responde al interés superior del niño o la niña.

A esta situación se suma un problema estructural de gran calado: la persistencia de estereotipos de género y visiones adultocentristas en el sistema judicial. Entre ellos, destaca el uso implícito del falso Síndrome de Alienación Parental (SAP), que, aunque ha sido desautorizado por el Pacto de Estado contra la Violencia de Género y por la propia LOPIVI, continúa presente en informes periciales y psicosociales, resoluciones judiciales e interpretaciones sesgadas del comportamiento infantil (Ávila, D. et al., 2023). Esta perspectiva, profundamente arraigada en prejuicios sobre las mujeres, la infancia y la familia, desacredita la palabra del niño o niña, niega la existencia de la violencia y desplaza la atención hacia un supuesto conflicto familiar. Su utilización vulnera el derecho de los niños y niñas a ser escuchados y distorsiona la valoración de su interés superior.

Además, este enfoque suele venir acompañado de una tendencia a mantener la unidad familiar, priorizando el vínculo paterno-filial incluso en contextos donde existen antecedentes de violencia. Esto se traduce en decisiones judiciales que no responden a una evaluación real del interés de los niños y niñas, sino a una interpretación estereotipada de lo que debe ser una familia. El resultado es una clara desprotección de la infancia, que, lejos de ser tratada como sujeto de derechos, es instrumentalizada en función de intereses ajenos a su bienestar.

En definitiva, la falta de una escucha real y adaptada, la inexistencia de una guía metodológica para la evaluación del interés superior, la escasa motivación judicial de las decisiones, y la aplicación encubierta de estereotipos de género y adultocéntricos configuran un problema transversal que afecta a toda la respuesta institucional frente a la violencia de género. Superar esta situación exige una transformación profunda del sistema judicial, una formación específica de todos los operadores jurídicos implicados, y la consolidación de un enfoque que sitúe de manera efectiva a las niñas y niños en el centro de las decisiones que afectan a sus vidas.

6. A modo de conclusión: avances y retos en la protección a la infancia frente a la violencia en contextos de violencia de género

En los últimos años, España ha experimentado avances significativos en el reconocimiento jurídico y político de la infancia como víctima directa de violencia de género. Reformas legislativas como la Ley Orgánica 8/2015, la Ley Orgánica 8/2021 (LOPIVI), y las modificaciones en el Código Civil y la Ley de Enjuiciamiento Criminal, han permitido incorporar formalmente a niñas y niños como sujetos titulares de derechos, con necesidades propias de protección, reparación y participación.

El marco del Pacto de Estado contra la Violencia de Género —especialmente tras su renovación en 2025— y estrategias como la Estrategia Estatal de Derechos de la Infancia y Adolescencia o la Estrategia Estatal para Combatir las Violencias Machistas han consolidado este enfoque normativo.

A pesar de estos logros, el gran desafío actual no reside tanto en la existencia de un marco normativo adecuado, sino en su aplicación práctica. La infancia requiere, por parte de las personas adultas y de las instituciones, no solo entornos seguros donde crecer y desarrollarse con libertad, sino también contextos de protección y reparación cuando la violencia ya se ha producido. Espacios en los que puedan expresarse sin miedo, ser escuchados y su opinión sea tenida en cuenta, y donde su bienestar y su seguridad sean el eje prioritario de toda actuación.

No obstante, la práctica judicial y administrativa continúa mostrando serias resistencias. El interés superior del niño y la niña, aunque central en el discurso normativo, se aplica de forma inconsistente. Persisten decisiones que priorizan el mantenimiento de relaciones familiares incluso cuando existen indicios de violencia, sin una motivación reforzada ni una adecuada evaluación de los riesgos. El testimonio de las niñas y niños sigue sin ser recogido ni valorado con el rigor y las garantías que exigen los estándares internacionales.

A ello se suma la presencia de estereotipos de género y adultocéntricos en la interpretación judicial desprotegiendo a la infancia que ve relegados sus derechos.

El sistema de protección también muestra graves limitaciones estructurales. Los equipos psicosociales y los Puntos de Encuentro Familiar, cuya intervención resulta decisiva en muchos procesos, carecen en gran medida de enfoque de derechos y mecanismos de rendición de cuentas. A menudo sus informes tienen un peso determinante en la decisión judicial, sin que exista una posibilidad real de contradicción o revisión crítica.

Frente a ello, los retos son múltiples y urgentes. Es necesario incorporar de manera efectiva una perspectiva de derechos de la infancia y de género en todo el sistema de detección, protección, atención, y reparación. Entre las prioridades se encuentran:

– Garantizar una evaluación y determinación del interés superior del menor mediante una metodología común, guías técnicas y formación obligatoria y evaluable a todos los operadores jurídicos.

– Fortalecer la voz de niñas y niños en todos los procedimientos, asegurando condiciones adecuadas para su escucha, evitando su revictimización y respetando su derecho a la intimidad.

– Revisar profundamente el sistema de informes psicosociales, asegurando su calidad, transparencia y supervisión.

– Repensar el papel de los Puntos de Encuentro Familiar, exigiendo protocolos específicos en contextos de violencia de género.

– Garantizar el acceso a asistencia jurídica gratuita de forma independiente para las niñas y niños, así como la acreditación administrativa individualizada como víctimas de dicha violencia.

– Reforzar los mecanismos de reparación integral, incluyendo apoyo psicológico sostenido, medidas de protección efectivas y acceso equitativo a ayudas en todo el territorio.

El derecho de la infancia a vivir una vida libre de violencia no puede depender de la voluntad individual de quienes aplican la ley. Convertir esta protección en una realidad exige compromiso institucional, especialización efectiva y una justicia verdaderamente centrada en los derechos de niñas y niños. La protección de la infancia no puede seguir siendo una promesa normativa, debe convertirse, de forma urgente, en una garantía real.

Bibliografía

COMITÉ CEDAW (1992). Recomendación general n.º 19 sobre la violencia contra la mujer.

COMITÉ CEDAW (2017). Recomendación general n.º 35 sobre la violencia por razón de género contra la mujer, por la que se actualiza la recomendación general n.º 19.

Recomendación general n.º 31 del Comité para la Eliminación de la Discriminación contra la Mujer y observación general n.º 18 del Comité de los Derechos del Niño sobre las prácticas nocivas, adoptadas de manera conjunta (2014).

Comité de los Derechos del Niño (2011). Observación general n.º 13 sobre el derecho del niño a no ser objeto de ninguna forma de violencia.

Observaciones Finales del Comité de los Derechos del Niño (CDN) a España 2018 (CRC/C/ESP/CO/5-6)

Observaciones finales sobre el noveno informe periódico de España (2023) del Comité CEDAW.

GREVIO (2020) *Primer Informe a España de evaluación de GREVIO sobre las medidas legislativas y de otra índole que dan efecto a las disposiciones del Convenio del Consejo de Europa sobre Prevención y Lucha contra la violencia contra las Mujeres y la Violencia Doméstica.*

REYES CANO, P. (2018). *Menores y violencia de género: nuevos paradigmas*. Tesis Doctoral. Facultad de Derecho, Departamento de Filosofía del Derecho de la Universidad de Granada. Disponible en: https://digibug.ugr.es/handle/10481/54414

SEPUR, B. *et al.* (2024) «En la tela de araña. Las violencias contra la infancia y la lucha de las madres protectoras». *La Laboratoria*. Disponible en: https://laboratoria.red/publicacion/en-la-tela-de-arana-las-violencias-contra-la-infancia-y-la-lucha-de-las-madres-protectoras/

MINISTERIO DE SANIDAD (2022) *Informe Anual Violencia de Género 2021*. Disponible en: https://www.sanidad.gob.es/organizacion/sns/planCalidadSNS/pdf/equidad/Informe_VG_2021_v01.07.2022.pdf p-57

DEFENSOR DEL PUEBLO (2022). Infancia y Adolescencia en el Informe Anual de 2022, p. 14. Disponible en: https://www.defensordelpueblo.es/wp-content/uploads/2023/06/Separata-infancia-y-adolescencia-.pdf

OBSERVATORIO CONTRA LA VIOLENCIA DOMÉSTICA Y DE GÉNERO (2023) *Informe anual sobre violencia de género*, Consejo General del Poder Judicial. Disponible en: https://www.poderjudicial.es/cgpj/es/Temas/Estadistica-Judicial/Estudios-e-Informes/Violencia-sobre-la-Mujer/

FEDERACIÓN MUJERES JÓVENES (2022). «Análisis jurídico, normativo y estudio comparado de casos: Jóvenes vulnerables ante la violencia machista y vicaria que ejercen sus progenitores». Disponible en: https://mujeresjovenes.org/recurso/analisis-juridico-normativo-y-estudio-comparado-de-casos-jovenes-vulnerables-ante-la-violencia-machista-y-vicaria-que-ejercen-sus-progenitores/

ÁVILA, D. *et al.* (2023). «Violencia institucional contra las madres y la infancia. Aplicación del falso síndrome de alienación parental en España», *Ministerio de Igualdad*. Disponible en: https://violenciagenero.igualdad.gob.es/wp-content/uploads/Violencia_institucional_madres_infancia_SAP.pdf

CAPÍTULO V

HACIA EL RECONOCIMIENTO SOCIAL Y JURÍDICO DE LA VIOLENCIA ECONÓMICA CONTRA LAS MUJERES

Camila Cella Nosiglia

Vocal de la Junta Directiva de APDHE. Coordinadora de políticas públicas en Transparencia Internacional España. Investigadora Asociada del IU- Rescat de la Universidad Rovira i Vigili (URV)

Tania García Sedano

Jurista, Doctora en Derecho, ex Presidenta de la Asociación Pro Derechos Humanos de España

1. Introducción

La violencia económica es una manifestación de la violencia contra las mujeres por razón de género que afecta gravemente, de manera convergente y directa, al derecho a la dignidad humana, el derecho a la vida y a la integridad de la persona, la prohibición de las penas o los tratos inhumanos o degradantes, el derecho al respeto de la vida privada y familiar, el derecho a la libertad y a la seguridad, el derecho a la protección de los datos de carácter personal, el derecho a la no discriminación, también por razón de sexo. No se debe obviar que también incide en los derechos de niñas, niños y adolescentes, consagrados en la Carta de Naciones Unidas y en la Convención de las Naciones Unidas sobre los Derechos del Niño.

Se trata de una expresión de la violencia estructural que se ejerce contra las mujeres por el hecho de serlo, en tanto se construye sobre las desigualdades económicas preexistentes y se llega a instrumentalizar en la perpetuación de dominación, control y subordinación.

La violencia contra las mujeres por razón de género exige tener presente que sus distintas manifestaciones se encuentran interrelacionadas, afectando potencialmente a cualquier mujer o niña en cualquier etapa de su vida. Esta concepción se asienta sobre la idea del *continuum* de las violencias (Cockburn, 2004: 43), según la cual no se trata de fenómenos aislados, sino de expresiones interdependientes de un mismo sistema de dominación. Ello posibilita sostener que la violencia debe entenderse como una pluralidad de actos que, aun cuando varían en forma e intensidad, comparten una misma lógica de control y subordinación (Kelly, 1988: 46).

Desde ese prisma se constata que la violencia económica ha sido invisibilizada o considerada subsidiaria de otras formas de violencia —particularmente la psicológica—. No obstante, se ha avanzado desde algunos marcos normativos en el reconocimiento de su individualidad, magnitud y complicidad en la perpetuación de las desigualdades estructurales entre mujeres y hombres.

A pesar de su incorporación explícita en algunos marcos normativos internacionales, el derecho estatal español aún no reconoce a la violencia económica como un delito autónomo.

2. Contexto histórico y sociológico

La premisa, como refiere Segato (2016: 36), radica en que «el cuerpo de las mujeres es el territorio de control, de apropiación y de mensaje de la soberanía masculina. El mandato de masculinidad exige la demostración del poder, y el control económico es una forma central de ese poder».

Estudios anglosajones de finales de los años noventa como el de Miller (1995: 45) introdujeron el concepto de violencia económica como el uso del control financiero para generar dependencia de la víctima, planteando así una redefinición esencial de sus límites y efectos.

La investigación se continuó profundizando durante las siguientes dos décadas. Stylianou, Postmus y McMahon (2013) usaron análisis factoriales confirmatorios para mostrar que la violencia económica es un constructo que, aunque correlacionado, es distinto de los abusos físico, psicológico y sexual. Identificaron tres formas de abuso económico —control de recursos, sabotaje laboral y explotación económica— que operan dentro de las estrategias de coerción contemporáneas.

En un estudio posterior, Postmus *et al.* (2020) reportaron que el abuso económico es a menudo percibido como una forma invisible de violencia, subestimada debido a la falta de consenso terminológico y de detección adecuados. Las autoras alertan sobre cómo este control financiero dificulta la salida de la relación violenta e incrementa potencialmente el riesgo de ser víctimas de otros delitos.

Autoras como Stylianou *et al.* (2013) explicitan que la violencia económica difiere del abuso emocional, que pretende socavar el sentido de valor y autoestima de la víctima; del maltrato psicológico, que degrada el pensamiento lógico y el razonamiento de la víctima; y del abuso social, que se centra en aislar a la víctima de su entorno.

En España, Mañas y Gallo (2020) analizaron los datos de la Macroencuesta de 2015 y confirmaron que la violencia económica coexiste con otras violencias en un número considerable de casos, lo que refuerza la idea de su inserción en un *continuum* de agresiones, pero al mismo tiempo muestra su especificidad en términos funcionales y relacionales.

Según el *Estudio de la violencia económica contra las mujeres en sus relaciones de pareja o expareja*; publicado por el Ministerio de Igualdad (2023), en casos de relaciones de pareja, la violencia económica suele tener como objetivo generar una dependencia financiera de la víctima respecto al agresor u obstaculizar la autonomía económica de la mujer, en particular cuando este último depende económicamente de la mujer o ya se han separado. El control que ejerce el agresor sobre las decisiones financieras del hogar no solo afecta la independencia de la mujer, sino también la de otras personas que conviven en ese entorno. Esta forma de violencia va más allá del control del gasto doméstico, abarcando la restricción del acceso a recursos financieros, laborales o educativos, reforzando así el control sobre la vida de la víctima.

Los datos de la Macroencuesta de Violencia contra la Mujer 2019 analizados en la Estrategia Estatal para combatir las Violencias Machistas 2022-2025 (en adelante, la EEVM 2022-2025) evidencian que, un 11,5 % de las mujeres mayores de 16 años en España ha sido víctima de violencia económica, lo que equivale aproximadamente a 2.350.684 mujeres. Entre las formas más comunes de esta violencia se encuentran impedir que la mujer realice compras de manera independiente (7,5 %), negarse a aportar dinero para los gastos del hogar (6,3 %) e incluso obstaculizar el acceso al empleo o la educación (casi el 5 %). Además, se observa que esta violencia no es un hecho aislado: el 67,7 % de las mujeres que la sufren en su relación actual la experimentan ocasionalmente, mientras que un 58,9 % de quienes la padecieron en relaciones anteriores reportan una frecuencia sostenida de estos comportamientos (Ministerio de Igualdad, 2022: 97).

3. Concepto, definición legislativa

El reconocimiento jurídico de la violencia económica se ha ido consagrando de forma progresiva en los distintos ámbitos normativos.

3.1. Ámbito internacional y regional

En el ámbito internacional, el Comité de Derechos Económicos, Sociales y Culturales, en su Observación General número 16, reconoce que las mujeres sufren formas específicas de violencia derivadas de la desigualdad económica. Asimismo, la CEDAW en su artículo 13, obliga a los Estados parte a adoptar medidas para garantizar la igualdad de derechos en las esferas económicas y sociales, como el acceso a créditos o prestaciones familiares.

Particularmente significativa es la Recomendación General número 35 del Comité CEDAW (2017), sobre la violencia por razón de género contra la mujer, por la que se actualiza la Recomendación General n.º 19, que reconoce expresamente que la violencia económica constituye una forma de violencia por razón de género, destacando que esta afecta a mujeres a lo largo de todo su ciclo vital; resulta particularmente relevante el párrafo 23 que alude a las consecuencias de la violencia económica «la falta de independencia económica obliga a muchas mujeres a permanecer en situaciones violentas (...). Esta violencia compromete la salud de la mujer y entorpece su capacidad de participar en la vida familiar y en la vida pública en condiciones de igualdad». Por su parte, en dicha recomendación, se establece que la expresión «violencia por razón de género contra la mujer» es un término más preciso que pone de manifiesto las causas y los efectos relacionados con el género de la violencia y que denota la necesaria mirada interseccional, «dado que las mujeres experimentan formas múltiples e interrelacionadas de discriminación, que tienen un agravante efecto negativo».

Además, la Recomendación General número 29 (2013) aborda las consecuencias económicas del matrimonio y su disolución, reconociendo que las mujeres suelen resultar más perjudicadas económicamente en tales situaciones.

En el ámbito del Consejo de Europa, el Convenio sobre prevención y lucha contra la violencia contra la mujer y la violencia doméstica —más conocido como Convenio de Estambul (2011)— introduce la violencia económica como una de las manifestaciones de violencia doméstica, al establecerse en el art. 3 que por violencia doméstica se entenderán «todos los actos de violencia física, sexual, psicológica o económica que se producen en la familia o en el hogar o entre cónyuges o parejas de hecho antiguos o actuales, independientemente de que el autor del delito comparta o haya compartido el mismo domicilio que la víctima».

En el contexto de la Unión Europea, la Directiva (UE) 2024/1385 del Parlamento Europeo y del Consejo, incorpora definiciones de violencia de género contra las mujeres y violencia doméstica, e incluye la violencia económica como violencia contra las mujeres, que define como «todo acto de violencia de género dirigido contra una mujer o una niña por el hecho de ser mujer o niña, o que afecten de manera desproporcionada a mujeres o niñas, que causen o sea probable que causen daños o sufrimientos de naturaleza física, sexual, psicológica o económica».

Aunque la Directiva no obliga a los Estados miembros a tipificar la violencia económica como delito autónomo, reconoce su existencia y gravedad (art. 2 y considerandos 10 y 11).

Por su parte, la Directiva 2012/29/ UE del Parlamento Europeo y del Consejo, de 25 de octubre de 2012, por la que se establecen las normas mínimas sobre los derechos, el apoyo y la protección de las víctimas de los delitos establece en su párrafo 18 que: «Dicha violencia puede consistir en violencia física, sexual, psicológica o económica, y puede causar lesiones corporales, daños psíquicos o emocionales, o perjuicios económicos».

En la Estrategia Europea para la Igualdad de Género (2020-2025) que articula el trabajo de la Comisión Europea en materia de igualdad entre hombres y mujeres y establece los objetivos estratégicos y las acciones clave para el período 2020-2025[1], no se menciona la violencia económica.

3.2. El ordenamiento jurídico estatal

La violencia económica no encuentra amparo normativo en el tenor de la Ley Orgánica 1/2004, de 28 de diciembre, de Medidas de Protección Integral contra la Violencia de Género, que no contempla la violencia económica pese a

---

1   En consonancia con el compromiso estratégico de la Comisión para 2016-2019 en materia de igualdad de género.

que su artículo 1.1 establece que: «La presente Ley tiene por objeto actuar contra la violencia que, como manifestación de la discriminación, la situación de desigualdad y las relaciones de poder de los hombres sobre las mujeres, se ejerce sobre éstas por parte de quienes sean o hayan sido sus cónyuges o de quienes estén o hayan estado ligados a ellas por relaciones similares de afectividad, aun sin convivencia».

Por su parte, el Informe del Grupo de Expertas del GREVIO sobre la aplicación en España del Convenio de Estambul durante el periodo 2014-2018, señala que la definición de violencia contra las mujeres contenida en la Ley Orgánica 1/2004 es sustancialmente coherente con la establecida en el Convenio, aunque identifica como una insuficiencia relevante la omisión de la violencia económica entre las formas expresamente reconocidas como manifestaciones de violencia contra las mujeres por razón de género (GREVIO, 2020: 30-31).

En ese sentido, merece subrayarse que algunas legislaciones autonómicas han avanzado en el reconocimiento de la violencia económica. Por ejemplo, la Ley 13/2007, de 26 de noviembre, de medidas de prevención y protección integral contra la violencia de género de la Comunidad Autónoma de Andalucía la define como la privación intencionada y no justificada legalmente de recursos que pueda generar dependencia económica o afectar el bienestar físico o psicológico de la víctima. En Cataluña, la Ley 5/2008, del 24 de abril, del derecho de las mujeres a erradicar la violencia machista de la Comunidad Autónoma de Cataluña que en su artículo 4.2.e) regula la violencia económica. No son las únicas Leyes que incorporan esta categoría, aunque la denominación no haya sido consensuada en todas las autonomías.

Por su parte, la jurisprudencia ha consolidado el concepto violencia económica y desarrollado un corpus sobre esta manifestación de violencia contra las mujeres por razón de género.

La Sala Segunda del Tribunal Supremo ha considerado en la Sentencia núm. 239/2021, de 17 de marzo, ponente Ilmo. Sr. D. Vicente Magro Servet, que el impago reiterado de pensiones alimenticias puede interpretarse como una forma de violencia económica, al provocar un perjuicio económico deliberado contra la mujer y sus hijos. En la mencionada sentencia se considera que el incumplimiento de la obligación de abonar las pensiones, cuya finalidad es cubrir las necesidades de las hijas e hijos, lleva a una doble victimización, al tener que hacer el otro progenitor un sobreesfuerzo económico e incluso llegar a privarse de sus propias necesidades. En dicho pronunciamiento, se consagra la posibilidad de reclamar e indemnizar el daño moral en los supuestos de violencia económica. A la sazón, esa misma resolución prescribe la imposibilidad de suspender la pena en tanto no se abone la cuantía económica que integra la responsabilidad civil *ex delicto*.

Por su parte, la Sentencia de 22 de julio de 2021, dictada por el Juzgado de lo Penal número 2 de Mataró, instó a tipificar penalmente la violencia económica, señalando sus efectos devastadores sobre la autonomía económica de las mujeres. Así señala que «la lucha contra la violencia de género debe contemplar para ser efectiva todas sus manifestaciones». Partiendo de esta afirmación, y en consonancia con los principios del Convenio de Estambul y con el Pacto de Estado contra la Violencia de Género de 2017, la magistrada Ilma Sra. D.ª Lucía Avilés formula una petición razonada al Gobierno de España para que se valore «la conveniencia de la inclusión en el Código Penal de un precepto específico que contemple la violencia económica como modalidad de violencia de género», señalando expresamente que «en nuestro ordenamiento jurídico solo se contempla el impago de pensiones cuando se ha fijado judicialmente ya sea mediante resolución o convenio regulador aprobado judicialmente».

La sentencia establece que la violencia económica constituye una forma específica de violencia de género, cuya invisibilidad legislativa contrasta con «las evidencias constantes sobre su prevalencia y su capacidad de cronificar y agravar la violencia de género en general», pues se trata de «una barrera decisiva para que las mujeres consigan salir de relaciones violentas». A pesar de ello, continúa la sentencia, «la violencia económica es una de las dimensiones a las que se le ha prestado menos atención por las legislaciones».

No puede obviarse la dificultad de vislumbrar la violencia económica subyacente en determinados supuestos pues las conductas quedan ocultas por la propia dinámica del régimen económico matrimonial destacándose los casos de sociedad de gananciales, artículo 1345 del Código Civil, en las que rige la presunción de gananciabilidad de los bienes comunes, artículo 1361 del Código Civil.

En el contexto de la violencia económica se distinguen distintas manifestaciones como el control económico que se manifiesta a través de todo tipo de acciones encaminadas a que la víctima no tenga acceso a la situación patrimonial de la familia. La explotación económica como todo tipo de conductas que reducen los recursos existentes para el aprovechamiento en exclusiva por parte del acusador y el sabotaje laboral integrado por conductas que impiden o reducen el acceso al mercado laboral

En esa línea, debemos destacar la Consulta a la Fiscalía General del Estado sobre la aplicación de prohibición de aproximación incluida por la LO 8/2021 en delito de impago de pensiones de 18 de Noviembre de 2021[2] que establece: «el conocimiento empírico de la utilización de la pensiones como instrumento de presión hacia las mujeres y la consideración del impago de pensiones como una manifestación de violencia económica y, por supuesto, en atención a los criterios hermenéuticos establecidos en el art. 3 del CC, debemos concluir que (...) los delitos de impago de pensiones (...) llevan aparejada de manera imperativa la pena de prohibición de aproximación».

Por su parte, el Estudio sobre la Aplicación de la Ley Integral por las Audiencias Provinciales, elaborado por el Grupo de Expertos y Expertas del CGPJ y publicado en marzo 2016, reconoció el delito de impago de pensiones como delito de violencia de género.

---

2   FISCALÍA GENERAL DEL ESTADO, Consulta sobre aplicación pena de prohibición de aproximación en el delito de impago de pensiones. N/Ref. 24/21-24.

En todo caso, la falta de un marco jurídico homogéneo provoca que las decisiones dependan de la sensibilidad de magistrados o magistradas concretas, sin un criterio jurisprudencial consolidado. Ello refuerza la urgencia de impulsar una reforma legislativa que reconozca esta forma de violencia como una categoría diferenciada dentro del derecho penal y del derecho de familia, tal como ya ha sido sugerido por diversas entidades expertas y marcos estratégicos (Ministerio de Igualdad, 2022: 97).

4. Medidas de prevención, persecución y protección

De conformidad con el considerando 73 de la Directiva (UE) 2024/1385 del Parlamento Europeo y del Consejo, de 14 de mayo de 2024, sobre la lucha contra la violencia contra las mujeres y la violencia doméstica se hace preciso adoptar medidas preventivas de carácter primario, secundario y terciario.

Las medidas preventivas primarias deben tener por objeto evitar que se produzca violencia y pueden incluir medidas como campañas de concienciación y programas educativos específicos para aumentar la comprensión entre el público en general de las diferentes manifestaciones de todas las formas de violencia y sus consecuencias y para ampliar los conocimientos sobre el consentimiento en las relaciones interpersonales a una edad temprana.

En ese contexto, se debe destacar la Estrategia estatal para combatir las violencias machistas 2022-2025 ha reconocido expresamente la violencia económica como una de las formas de violencia ejercidas en el ámbito de la pareja. Esta estrategia prevé el diseño de campañas específicas de sensibilización, la formación de operadores jurídicos y personal sanitario, así como la elaboración de materiales de detección precoz en servicios sociales, educativos y laborales (Ministerio de Igualdad, 2022: Medidas 56, 74, 216).

Para la adecuación e idoneidad de las medidas, será necesario incorporar indicadores específicos sobre violencia económica en los sistemas de recopilación estadística, conforme a la Medida 32 de la Estrategia Estatal para combatir las violencias machistas 2022-2025, así como promover investigaciones cualitativas y cuantitativas que visibilicen mejor fenómenos como la explotación económica y el sabotaje laboral (Ministerio de Igualdad, 2022: medidas 32 y 56).

Por su parte, el Pacto de Estado contra la Violencia de Género (2025) (en adelante, «Pacto de Estado») en su medida 410 establece el fomento de la educación financiera como manera de prevenir la violencia económica, mediante información, capacitación y campañas informativas que ayuden a las mujeres a reconocer señales de alerta y a identificar conductas de abuso económico.

Las medidas preventivas terciarias deben centrarse en prevenir la reincidencia y la revictimización y en gestionar adecuadamente las consecuencias de la violencia, y podrían incluir la promoción de la intervención de quienes presencien la violencia, los centros de intervención temprana y los programas de intervención.

En cuanto a la política criminal, el Pacto de Estado establece la obligación, medida 401, de tipificar la violencia económica mediante la trasposición de la Directiva 2024/1385 del Parlamento Europeo y del Consejo, de 14 de mayo de 2024, sobre la lucha contra la violencia contra las mujeres y la violencia doméstica. En ese sentido, precisa que la violencia económica de género no es solo el delito de impago de pensiones, sino también otros tipos penales como el delito de alzamiento de bienes, estafas, apropiaciones indebidas o administración desleal. Además, medida 402, avanza notablemente al establecer que se deberá reconocer, regular y definir la violencia económica en nuestro derecho, entendiendo como tal la acción de limitar, suprimir o controlar, de manera injustificada e intencionada, el acceso de las mujeres a los recursos económicos de la familia, de la pareja o propios, así como de reducir o anular su capacidad económica presente o futura para mantenerse a sí mismas, a sus hijas e hijos, o para continuar con sus hábitos anteriores, con el objetivo de que la mujer dependa económicamente del agresor, mermando sus opciones de escapar de la violencia y, por tanto, incrementando la posibilidad de que la situación derive en privaciones, daños psicológicos, trastornos del desarrollo, lesiones o muerte.

Para acomodar la legislación civil y penal, la medida 404, prevé la modificación del artículo 227 del Código Penal para incluir dentro del mismo, no solo el impago de las pensiones acordadas en convenio o resolución judicial, sino también acordadas en escritura pública ante notario. El artículo 227 deberá tener un subtipo cualificado, medida 408, que incluya a las personas necesitadas de especial protección a las que hace referencia el artículo 173.2 del Código Penal; que contemple la especial gravedad del incumplimiento del impago de las prestaciones, atendiendo a la entidad del perjuicio y a la situación económica en que deje a la víctima, a su familia y cuando suponga la pérdida de la vivienda, limite o impida el acceso a recursos básicos para la vida.

Por último, se considera que debería suprimirse la aplicabilidad de la excusa absolutoria prevista en el artículo 468 del Código Penal en los supuestos de violencia económica.

En cuanto a las políticas de protección de las víctimas, la Ley Orgánica 1/2004, de un modo ciertamente paradójico, crea un Fondo de Garantía para el impago de pensiones en su Disposición adicional decimonovena y ha sido objeto de regulación por el Real Decreto 1618/2007 de 7 de diciembre, sobre organización y funcionamiento del Fondo de Garantía del Pago de Alimentos. Asimismo, algunas comunidades autónomas prevén ayudas sociales para mujeres en situación de violencia, incluyendo situaciones de dependencia económica. Sin embargo, estas medidas carecen de uniformidad.

Por su parte, el Pacto de Estado establece tres medidas. Por un lado, en la medida 405 se acuerda llevar a cabo las medidas necesarias para impulsar la actualización periódica de las pensiones alimenticias, así como las tablas orientadoras elaboradas por el Consejo General del Poder Judicial. En la 406 prevé el avance en la protección en materia de Seguridad Social de las víctimas atendiendo al hecho de que la violencia de género deriva, en muchas ocasiones, en situaciones de incapacidad temporal. Por otro, en la medida 408 establece la incorporación en el Código Penal un nuevo artículo con criterios para la fijación de la cuantía económica del perjuicio causado.

5. Avances y retos

Uno de los principales retos que persisten en el abordaje jurídico de la violencia económica en España es su falta de reconocimiento legal explícito como forma autónoma de violencia de género en el ámbito estatal. Ello dificulta la adopción de políticas criminales adecuadas y que las víctimas puedan ser protegidas a través de medidas cautelares.

En paralelo, debe avanzarse en la articulación de políticas públicas eficaces que aborden la prevención primaria, secundaria y terciaria, la persecución y la protección de la víctima. Las medidas preventivas secundarias deben tener por objeto detectar la violencia en una fase temprana y prevenir su progresión o escalada en una fase temprana.

En esta dimensión, se hace imprescindible la formación continua de funcionarios y funcionaras públicas, integrantes del poder judicial y otros operadores clave —Fuerzas y Cuerpos de Seguridad del Estado, servicios sociales, personal sanitario, personal penitenciario— para mejorar la detección, valoración del riesgo y coordinación institucional en casos de violencia económica, especialmente debido a su baja visibilidad y escasa comprensión. A esto debe sumarse una campaña sistemática de sensibilización dirigida a la ciudadanía, que permita identificar este tipo de violencia como una forma de control, desde una perspectiva feminista, interseccional y de derechos humanos.

Bibliografía

Cockburn, C. (2004), Londres 2004; «The Continuum of Violence: A Gender Perspective on War and Peace»; en *Sites of Violence: Gender and Conflict Zones*, eds. Wenona Giles y Jennifer Hyndman, University of California Press.

CONGRESO DE LOS DIPUTADOS (2025), *Pacto de Estado contra la Violencia de Género 2025*; España. Consejo de Europa (2011), *Convenio del Consejo de Europa sobre prevención y lucha contra la violencia contra la mujer y la violencia doméstica*, Estambul, 11 de mayo de 2011.

GARCÍA SEDANO, T., SORDO RUZ, T., *Buenas prácticas para el acceso a la justicia de las mujeres víctimas de violencias por razón de género*. Madrid: Dykinson, 2024.

GREVIO (2020), Estrasburgo 2020; *Informe de evaluación de la aplicación del Convenio de Estambul en España (2014-2018)*; Consejo de Europa.

KELLY, L. (1988), Inglaterra 1988; *Surviving Sexual Violence*; «continuum of sexual violence». Polity Press.

MAÑAS, M. & GALLO, J. (2020), Madrid 2020; «Prevalencia de la violencia económica en España»; *Informes del Instituto de la Juventud*.

MILLER, J. (1995), Nueva York 1995; «The Economic Abuse Within Intimate Relationships»; *Journal of Family Violence*.

MINISTERIO DE IGUALDAD (2022), *Estrategia Estatal para combatir las violencias machistas 2022-2025*, Madrid: Gobierno de España.

POSTMUS, J. L., HOGE, G. L., BRECKENRIDGE, J., SHARPJEFFS, N., & CHUNG, D. (2020). «Economic abuse as an invisible form of domestic violence: A multicountry review». *Trauma, Violence & Abuse*

SEGATO, R. (2016), Madrid: Traficantes de Sueños; *La guerra contra las mujeres*.

DELEGACIÓN DEL GOBIERNO CONTRA LA VIOLENCIA DE GÉNERO (2020), España; «Macroencuesta de Violencia contra la Mujer 2019»; *Ministerio de Igualdad*.

RED2RED (2023), Madrid 2023; *Estudio de la violencia económica contra las mujeres en sus relaciones de pareja o expareja*; Ministerio de Igualdad (NIPO en línea 048-23-056-0).

STYLIANOU, A. M., POSTMUS, J. L. & MCMAHON, S. (2013), «Measuring abusive behaviors: is economic abuse a unique form of abuse?», *Journal of Interpersonal Violence*, 28(16), 3186-3204.

CAPÍTULO VI

VIOLENCIA Y ACOSO EN EL MUNDO DEL TRABAJO

Tania García Sedano

Jurista, Doctora en Derecho, ex Presidenta de la Asociación Pro Derechos Humanos de España

1. Introducción

Los roles de género rigen implícitamente, en palabras de Beauvoir (Beavoir, 1987), la mujer ha sido conceptualizada como «lo otro», lo cual ha favorecido al sistema patriarcal. Así, se consolida la negación histórica de la identidad del sujeto femenino más allá del ámbito del *pater familias*.

Desde esa concepción se concluye que la violencia contra las mujeres es un continuum que se prolonga en todos los aspectos de la existencia y, por tanto, también en el desarrollo de la vida profesional a través del acoso moral laboral, del acoso sexual y del acoso por razón de sexo.

En ese sentido, la Relatora sobre violencia contra la mujer, sus causas y consecuencias de Naciones Unidas ha subrayado la opresión histórica de la mujer: «se sitúa entre los defectos más graves de la humanidad que se ha tratado de corregir con los derechos humanos»[1].

2. Contexto histórico y sociológico

El acoso es una manifestación de violencia contra las mujeres por razón de género que nace de una estereotipada consideración sobre el papel que la mujer debe desempeñar en el sistema patriarcal.

Fue con las revoluciones liberales, que el patriarcado se afianzó en la familia nuclear, unidad básica de perpetuación de los roles de género que se reflejan en el conjunto de la sociedad. En ese momento y hasta hace muy poco la familia nuclear se sostenía a través de la división sexual del trabajo. Los hombres desarrollaban un trabajo asalariado y se perpetuaban como *pater familias* mientras que las mujeres se recluían en el hogar para trabajar, no retribuidamente, en el cuidado del hogar y del resto de la familia.

No es hasta la segunda mitad del siglo XX que el movimiento feminista cuestionó el modelo de familia «tradicional», impulsando numerosas reformas legislativas y transformaciones sociales como la incorporación de las mujeres al mercado laboral que el modelo de familia tradicional dejó de ser el paradigma de estructura social.

El acoso sexual es «la punta del iceberg de un problema más amplio» que conecta con la visión patriarcal de que las mujeres no pueden ni deben ocupar espacio extramuros del ámbito doméstico.

El Informe Acoso sexual y acoso por razón de sexo en el ámbito laboral en España de la Delegación de Gobierno para la Violencia de Género, 2021, concluye que los acosadores, en el caso del acoso sexual son mayoritariamente varones, pueden ser superiores jerárquicos, compañeros o clientes, y pue-

---

1 CONSEJO DE DERECHOS HUMANOS DE NACIONES UNIDAS. Informe de la Relatora Especial sobre la violencia contra la mujer, sus causas y consecuencias: Intersecciones entre la cultura y la violencia contra la mujer, Yakin Ertürk. 2007. Documento: A/HRC/4/34. Párrafo 24.

den pertenecer a cualquier estrato social, nivel ocupacional, edad o categoría profesional. Los testimonios de las mujeres acosadas escuchadas en el estudio señalan alguna característica a tener en cuenta, como es la de ser un varón con un conjunto de creencias y actitudes marcadamente sexistas, vinculadas a la masculinidad hegemónica tradicional. Las mujeres de la muestra indican que estas acciones han sido realizadas principalmente por superiores jerárquicos (47,4 %), por personas de la misma categoría laboral (32,4 %) y por otras personas (9,2 %) entre las que se señalan familiares y amistades del jefe (1,8 %) y clientes (1,5 %). En el 86,1 % de los casos los agresores fueron solo hombres, en el 0,8 % solo mujeres y en el 8,8 % tanto hombres como mujeres (un 4,4 % no contesta a esta pregunta). 8 de cada 10 mujeres encuestadas (80,4 %) señalan haberse sentido discriminadas en el trabajo.

En idéntico sentido, en la investigación El acoso sexual y el acoso por razón de sexo en el ámbito laboral en España, promovida por CCOO y publicada en 2021, se ha constatado que el 80 % de las mujeres trabajadoras alguna vez han sufrido acoso sexual y/o acoso por razón de género.

La última Macroencuesta de Violencia contra la Mujer (2019) reflejó que del total de mujeres de 16 o más años residentes en España, el 40,4 % ha sufrido acoso sexual en algún momento de su vida, el 18,1 % ha sufrido acoso sexual en los últimos 4 años, y el 10,2 % han sufrido este acoso en los últimos 12 meses. Un 18,5 % del total de mujeres de 16 o más años residentes en España ha sufrido acoso sexual antes de cumplir los 15 años de edad. Extrapolando estas cifras a la población, se estima que 8.240.537 mujeres residentes en España de 16 o más años han sufrido acoso sexual en algún momento de sus vidas, 3.703.252 han sufrido acoso sexual en los últimos 4 años, y 2.071.764 han sufrido este acoso en los últimos 12 meses.

En el contexto de la Unión Europea, la Agencia de los Derechos Fundamentales de la Unión Europea en Violencia de género contra las mujeres: una encuesta a escala de la UE[2]

---

2   AGENCIA DE LOS DERECHOS FUNDAMENTALES DE LA UNIÓN EUROPEA. Violencia de género contra las mujeres: una encuesta a escala de la UE. Luxemburgo, 2014.p.12 y13.

presenta las conclusiones derivadas de una encuesta realizada a 42.000 mujeres de los 28 países de la Unión en el año 2014 y subraya que una de cada dos mujeres (el 55 %) en la UE ha sido víctima de acoso sexual, al menos una vez, desde los 15 años de edad. De este 55 % un 32 % afirmó que el autor pertenecía a su entorno laboral.

3. Concepto, definición legislativa

3.1. Normativa Internacional, Naciones Unidas

El camino de consagración de los derechos se inició con la Declaración Universal de Derechos Humanos de 1948, que estableció la igualdad y la no discriminación como un principio fundamental.

Años más tarde, la CEDAW, aunque no mencionaba el acoso explícitamente, sentó las bases al proteger el derecho a la seguridad en las condiciones de trabajo

El Comité para la eliminación de la discriminación contra la mujer, en adelante Comité Cedaw, ha emitido tres recomendaciones relevantes. La primera, la Recomendación n.º 19 sobre violencia contra la mujer de 1992, que reconoce el fenómeno del hostigamiento sexual como una forma de violencia y de discriminación que perjudica seriamente la igualdad en el trabajo. La segunda, la Recomendación n.º 28 relativa a las obligaciones de los Estados parte que son las de respetar, proteger y hacer efectivos los derechos de la mujer a la no discriminación y al disfrute de la igualdad de iure y de facto. La tercera, la Recomendación General n.º 35 que complementa y actualiza la Recomendación n.º 19, explicita que la violencia por razón de género adopta distintas formas, entre las que incluye el acoso.

En la IV Conferencia Mundial sobre la Mujer, Beijing 1995 se formalizó definitivamente el compromiso de Naciones Unidas en la lucha contra la violencia de género con clara incidencia en el mundo del trabajo.

El último paso dado en el ámbito de Naciones Unidas se enmarca dentro de la Agenda 2030 cuyo Objetivo n.º 5 es lograr la igualdad entre los géneros y empoderar a todas las mujeres y las niñas.

La OIT ha sido clave en la protección laboral, entre los pasos más relevantes y ambiciosos en este ámbito tenemos que subrayar el Convenio 190 (2019) y su Recomendación 206. El Convenio establece el derecho fundamental a un entorno de trabajo psicosocialmente adecuado.

El Convenio propugna un ámbito de aplicación amplio, tanto en una perspectiva subjetiva (empleados y pasantes hasta voluntarios y solicitantes de empleo) como objetiva (extiende su aplicabilidad a todos los sectores de la economía, tanto formal como informal, garantizando que ninguna situación de acoso quede fuera de su jurisdicción).

El Convenio establece que las políticas públicas deberán adoptar un enfoque inclusivo e integrado reconociendo las funciones y atribuciones, diferentes y complementarias de los gobiernos, y de los empleadores y de los trabajadores, así como de sus organizaciones respectivas (como no puede ser de otro modo en el contexto de la Organización Internacional del Trabajo).

3.2. El tratamiento del acoso en el contexto regional europeo

El Consejo de Europa ha sido un actor clave en la lucha contra la discriminación y en la incorporación de la perspectiva de género. Esto se debe en gran parte a la creación del Convenio Europeo de Derechos Humanos y del Tribunal Europeo de Derechos Humanos. El artículo 14 de este convenio prohíbe explícitamente la discriminación, especialmente la basada en el sexo. Por su parte, el Protocolo número 12 refuerza el principio de no discriminación, permitiendo a los Estados adoptar medidas para promover la igualdad.

La Recomendación (2002) 5 del Comité de Ministros del Consejo de Europa fue pionera por cuanto que incluye el acoso sexual al definir la violencia contra la mujer. Por su parte, la Carta Social Europea considera el acoso laboral como una violación del «derecho a la dignidad en el trabajo».

Con posterioridad, se aprobó el Convenio de Estambul que define la violencia contra la mujer como una violación de los derechos humanos y una forma de discriminación. El convenio conceptualiza tres tipos de violencia: la violencia contra las mujeres, la violencia doméstica y la violencia por razón de género. Resulta especialmente relevante que impone la obligación estatal de abordar estas violencias de manera integral y con la debida diligencia.

En relación con el acoso, lo define de forma amplia como «comportamiento no deseado, no verbal o físico, de carácter sexual» que atente contra la dignidad de una persona y cree un ambiente «intimidatorio, hostil, degradante, humillante u ofensivo», artículo 40.

El acoso, dentro de esta conceptualización, se considera una conducta compleja que puede manifestarse de tres formas: La verbal: bromas, preguntas o comentarios de índole sexual, tanto orales como escritos; la no verbal: gestos, expresiones faciales, señas o símbolos con connotación sexual y la física: cualquier contacto o comportamiento sexual no deseado.

Para que se considere acoso, cualquiera de estas conductas debe tener una naturaleza sexual, no ser deseada por la víctima y generar un ambiente hostil. Es importante señalar que esta definición no se limita al ámbito laboral, aunque la responsabilidad puede variar según la situación específica.

3.3. El tratamiento del acoso en la Unión Europea

Desde 1957, el Tratado Constitutivo de la Comunidad Económica Europea sentó las bases para la inclusión de la igualdad en el ámbito laboral, aunque en ese contexto se circunscribía a la igualdad de retribución por igual trabajo. Con el tiempo, la legislación de la Unión Europea ha evolucionado para abordar de manera más específica el acoso, entendiéndolo como una forma de discriminación y violencia.

A lo largo de los años, se ha pasado de la Directiva 76/207/CEE, centrada en la igualdad de trato en el empleo, a normativas más explícitas sobre el acoso. La Recomendación

84/635/CEE fue un primer paso importante al apelar al respeto de la dignidad de la mujer en el trabajo. Posteriormente, la Resolución del Parlamento Europeo de 1986 conectó la lucha contra el acoso con el concepto de igualdad de trato y oportunidades[3].

Un punto de inflexión fue el Informe Rubinstein, que llevó a un cambio de paradigma y culminó en la Recomendación 92/131/CE, la cual incluyó un Código de Conducta para combatir el acoso sexual, vinculándolo directamente con la dignidad en el trabajo.

En la década de 2000, la Unión Europea dio pasos decisivos. La Directiva 2002/73/CE fue crucial: no solo definió el acoso sexual como una conducta discriminatoria, sino que lo conceptualizó como una forma de discriminación por razón de sexo y obligó a los empleadores a tomar medidas preventivas[4]. En ese mismo periodo, la Resolución de 2001 amplió la discusión, conceptualizando el acoso laboral más allá del ámbito sexual[5]. El Acuerdo Marco de 2007 describió el acoso como el maltrato «deliberado, repetido y humillante» de trabajadores.

Aunque el Tratado de Lisboa consagró el derecho a la igualdad y la no discriminación, la Unión Europea ha continuado reforzando su marco legal. La Directiva 2012/99/UE estableció derechos y protección para las víctimas de deli-

---

3   https://victimologia.es/wp-content/uploads/2019/09/RESOLU-CIÓN-DEL-PARLAMENTO-EUROPEO-DE-11-DE-JUNIO-DE-1986-SOBRE-LAS-AGRESIONES-A-LA-MUJER_compressed.pdf
El Párrafo 38 establece: «Considerando que el acoso sexual puede ser considerado como violación del principio de igualdad de trato respecto al acceso al empleo y promoción y a las condiciones de trabajo, pide a la Comisión que examine las legislaciones laborales y antidiscriminatorias nacionales con vistas a determinar su aplicación a tales casos y, cuando la legislación existente pueda considerarse inadecuada, proponga una directiva que complete la legislación existente».

4   Artículo 2: acoso»: la situación en que se produce un comporta- miento no deseado relacionado con el sexo de una persona con el propósito o el efecto de atentar contra la dignidad de la persona y de crear un entorno intimida- torio, hostil, degradante, humillante u ofensivo. Disponible en: https://www.boe.es/doue/2002/269/L00015-00020.pdf

5   Recomendación de la Comisión, de 27 de noviembre de 1991, relativa a la protección de la dignidad de la mujer y del hombre en el trabajo.

tos, y la Resolución del Parlamento de 2018 pidió una definición más completa de acoso para combatirlo en diversos ámbitos.

La importancia del tema también se refleja en la jurisprudencia. El Tribunal General de la Unión Europea[6], en sentencias como los casos T-275/17 y T-377/17, ha condenado a instituciones por acoso psicológico, reiterando que este comportamiento es un proceso continuo que se desarrolla en el tiempo. Estos fallos no solo han reconocido las indemnizaciones a las víctimas, sino que han reafirmado la responsabilidad de las instituciones y han dejado claro que el acoso psicológico se define por conductas abusivas y repetitivas que atentan contra la dignidad de la persona, independientemente del ambiente laboral.

En última instancia, si bien el acoso representa un coste económico, el principio de no discriminación es el pilar fundamental sobre el que se construye toda esta estructura legal.

Por último, tenemos que hacer referencia a la Directiva (UE) 2024/1385 del Parlamento Europeo y del Consejo, de 14 de mayo de 2024, sobre la lucha contra la violencia contra las mujeres y la violencia doméstica que tipifica y sanciona el ciberacoso[7] y el ciberacecho[8]. Si bien es cierto que no refiere

---

6   El Tribunal General de la Unión Europea es uno de los dos órganos que componen el Tribunal de Justicia de la Unión Europea. Más información en:
https://european-union.europa.eu/institutions-law-budget/institutions-and-bodies/search-all-eu-institutions-and-bodies/court-justice-european-union-cjeu_es

7   Considerando 24: «Deben establecerse normas mínimas relativas al delito de ciberacoso para cubrir las formas más graves de ciberacoso. Esto debe incluir la participación reiterada o continua en conductas amenazantes dirigidas contra otra persona, al menos cuando esa conducta implique amenazas, mediante TIC, de cometer delitos y sea probable que cause en la persona un profundo temor por su propia seguridad o por la seguridad de las personas a cargo (...)».

8   Considerando 21: «Una forma moderna de violencia que a menudo se comete contra familiares o personas que viven en el mismo hogar que el autor, aunque también lo cometen exparejas o conocidos. Normalmente, el autor hace un uso indebido de la tecnología para intensificar un comportamiento coactivo y controlador, la manipulación y la vigi-

expresamente al ámbito laboral no se excluye su aplicación en ese ámbito siempre que concurran los presupuestos.

La Estrategia para la Igualdad de Género 2020-2025 de la UE refuerza este enfoque, al establecer objetivos ambiciosos para erradicar la violencia contra las mujeres, combatir los estereotipos y cerrar las brechas de desigualdad, usando como base la perspectiva de género y la interseccionalidad.

4. El ordenamiento jurídico interno: prevención, persecución y protección

El marco legal español para combatir el acoso se fundamenta en la Constitución Española, que consagra el derecho a la igualdad y a la no discriminación. El acoso, al ser una conducta pluriofensiva, puede vulnerar varios derechos fundamentales, como la dignidad (art. 10), la igualdad (art. 14), la integridad física y moral (art. 15), el honor y la intimidad (art. 18), y la seguridad y salud (art. 40.2).

La Ley Orgánica 3/2007, de 22 de marzo, para la igualdad efectiva de mujeres y hombres, juega un papel crucial. Esta ley establece políticas públicas para erradicar la discriminación contra las mujeres y define específicamente el acoso sexual y el acoso por razón de sexo. Según su artículo 7, ambas conductas son consideradas discriminatorias y consisten en cualquier comportamiento, físico o verbal, que atente contra la dignidad de una persona y cree un ambiente intimidatorio o degradante.

La Ley Orgánica 3/2007 establece, en el artículo 48, la obligación empresarial de adoptar protocolos contra el acoso sexual y por razón de sexo, incluidos los cometidos en el ámbito digital. En el contexto de la administración general del estado y organismos públicos vinculados a ellos, artículo 62, se prescribe la preceptiva negociación de protocolos de actuación que deberán incluir los siguientes principios:

---

lancia, incrementando con ello el miedo y la ansiedad de la víctima y su aislamiento gradual de amigos y familiares y del trabajo.

Con esta finalidad se podrán establecer medidas que deberán negociarse con los representantes de los trabajadores, tales como la elaboración y difusión de códigos de buenas prácticas, la realización de campañas informativas o acciones de formación.

a) El compromiso de prevenir y no tolerar el acoso sexual y el acoso por razón de sexo.

b) La instrucción a todo el personal de su deber de respetar la dignidad de las personas y su derecho a la intimidad, así como la igualdad de trato entre mujeres y hombres.

c) El tratamiento reservado de las denuncias de hechos que pudieran ser constitutivos de acoso sexual o de acoso por razón de sexo, sin perjuicio de lo establecido en la normativa de régimen disciplinario.

d) La identificación de las personas responsables de atender a quienes formulen una queja o denuncia.

De manera complementaria, la Ley 15/2022, de 12 de julio, integral para la igualdad de trato y la no discriminación, amplía la protección. En su artículo 6.4, define el acoso discriminatorio como cualquier conducta que, por motivos de discriminación, atente contra la dignidad de una persona o grupo, creando un entorno hostil u ofensivo. Esta ley es aplicable en el ámbito laboral, abarcando desde el acceso al empleo hasta las condiciones de trabajo y el despido.

4.1. Normativa en el ámbito laboral

El Estatuto de los Trabajadores reconoce, en su artículo 4.2.e), el derecho de los empleados a la dignidad y la protección frente al acoso, incluyendo el acoso por motivos de origen racial o étnico, discapacidad, orientación sexual, y el acoso sexual o por razón de sexo. Además, el Real Decreto Legislativo 5/2000 clasifica el acoso sexual y el acoso por razón de sexo como infracciones graves en el orden social.

Por otro lado, la Ley 36/2011, Reguladora de la Jurisdicción Social, introduce especificidades procesales para los casos de acoso, como la inversión de la carga de la prueba en el artículo 96, facilitando así que las víctimas puedan demostrar la situación. El Real Decreto 901/2020 también exige a las empresas de 50 o más trabajadores la elaboración de planes de igualdad, que deben incluir medidas contra el acoso.

Para el sector público, el Estatuto Básico del Empleado Público (RD Legislativo 5/2015) tipifica como faltas muy graves el acoso moral, sexual y por razón de sexo.

4.2. Sanciones penales

El acoso también está tipificado como delito en el Código Penal español. Los artículos 173.1.2.º y 184 sancionan el acoso laboral (moral) y el acoso sexual, respectivamente. Es importante destacar que estas regulaciones no son excluyentes, sino complementarias. Por lo tanto, una conducta puede no ser considerada un delito, pero sí ser objeto de sanción en el ámbito laboral o de igualdad. Finalmente, cabe mencionar que el Código Penal Militar también contempla el acoso en sus artículos 48 y 50.

5. Avances y retos

La respuesta que nuestro país ofrece a la violencia que sufren las mujeres en el contexto laboral debe seguir avanzando.

Así, en relación con el Convenio n.º 190 de la OIT es imprescindible incorporar su contenido a nuestro ordenamiento. En ese sentido, se impone la necesidad de consolidar un único concepto de violencia y acoso en el trabajo. En este momento existen distintos conceptos y categorías legales y jurisprudenciales en este ámbito.

En ese sentido, por un lado, las exigencias establecidas por el Convenio n.º 190 deben cohonestarse con los presupuestos diseñados en el artículo 84.2 del Estatuto de los Trabajadores para minimizar que esa tensión pueda incidir en la efectividad de las medidas de igualdad.

Por otro lado, las obligaciones impuestas en relación con los planes de igualdad deben acomodarse a lo dispuesto en el Convenio n.º 190.

Además, debería iniciarse el camino hacia una definición de acoso que de forma coherente con lo dispuesto en el Convenio n.º 190 supere la distinción entre acoso moral y acoso discriminatorio. Todo ello consagrando que la violencia y acoso en el lugar de trabajo deben ser considerados daños derivados del trabajo imponiendo las correlativas obligaciones al empresario, según la *mens legis* contenida en la Directiva marco 89/391 sobre seguridad y salud.

En relación con la legislación penal sería deseable una mejor técnica legislativa que posibilitase que hiciera posible la aplicabilidad de los tipos penales y garantizase la coherencia penológica con el resto del Código Penal, siempre atendiendo a los postulados de la Directiva sobre la lucha contra la violencia contra las mujeres y la violencia doméstica.

Bibliografía

BEAUVOIR, S. (1987). *El segundo sexo*. Ediciones Siglo Veinte, vol. 2.

GARCÍA SEDANO, T (2023). *Acoso moral laboral y acoso sexual*. Reus, Madrid.

CAPÍTULO VII

LA MUTILACIÓN GENITAL FEMENINA: UNA FORMA EXTREMA DE VIOLENCIA CONTRA MUJERES Y NIÑAS POR RAZÓN DE GÉNERO

Julieta Rey

Voluntaria de APDHE e Investigadora del Instituto Latinoamericano de Seguridad y Democracia (ILSED)

1. Introducción

La Mutilación Genital Femenina (en adelante MGF) constituye una forma de violencia contra las mujeres por motivos de género y, en consecuencia, una violación de los derechos humanos internacionalmente reconocida, que tiene efectos en la integridad y la salud de millones de mujeres y niñas. Según estimaciones de Naciones Unidas, más de 230 millones de niñas y mujeres en el mundo han sobrevivido a esta práctica, y unos 27 millones de niñas se encuentran en riesgo de ser afectadas por la misma en 2030, si no se toman medidas para su erradicación (Unicef, 2020), tal como enuncia en la meta 3 del Objetivo de Desarrollo Sostenible 5 (Igualdad de Género) que se propone «Eliminar todas las prácticas nocivas, como el matrimonio infantil, precoz y forzado y la mutilación genital femenina».

La MGF está definida por la Organización Mundial de la Salud (2025) como «todos los procedimientos consistentes en la resección parcial o total de los genitales externos femeninos, así como otras lesiones causadas a los órganos genitales femeninos por motivos no médicos» (OMS, 2025). Siendo una práctica tradicional se práctica en un total de 92 países según UNFPA[1].

Las fuentes más recientes indican que en España residen aproximadamente unas 80.000 mujeres que pertenecen a las comunidades afectadas por la MGF, de las cuales cerca de 18.500 son niñas (Kaplan, A. *et al.*, 2022). De acuerdo con el Instituto Europeo de la Igualdad de Género, se estima que en Europa entre el 9 y el 15 % de las niñas se encuentran en riesgo de sufrir una mutilación genital femenina, de las cuales el 79 % (31.232) son de segunda generación[2].

2. Contexto histórico y sociológico

Para una aproximación preliminar e intercultural a la MGF como práctica tradicional, con raíces culturales ancestrales y un fuerte significado simbólico, resulta interesante considerar que «todas las sociedades han desarrollado distintas técnicas de control de la sexualidad de las mujeres, con grados de violencia elevados» (Fundación Wassu-UAB, 2020). La primera referencia explícita a la clitoridectomía data de alrededor del siglo I A.C. y se atribuye al geógrafo e histo-

---

1   Disponible en: https://www.unfpa.org/es/resources/preguntas-frecuentes-sobre-la-mutilacion-genital-femenina-mgf#Dónde-se-practica

2   El porcentaje, estimado por el Instituto a 2018, refiere a niñas de entre 0 y 18 años procedentes de países donde se practica la MGF. Esto se calcula a partir de una población de 3.435 a 6.025 niñas de entre 0 y 18 años, de una población total de 39.734 niñas procedentes de países en los que se practica la MGF. Cabe mencionar que otras fuentes especializadas deciden no aplicar esta estimación de prevalencia, principalmente a partir de la caracterización de las comunidades de procedencia de las mujeres y niñas migrantes, y su vínculo con esta práctica (ver KAPLAN *et al.*, 2022).

riador griego Estrabón, quien refiere como parte de las costumbres egipcias la circuncisión de niños y la escisión de las niñas (Fundación WASSU-UAB, 2020)[3].

La MGF es considerada una de las «prácticas tradicionales perjudiciales» por la Asamblea General de Naciones Unidas, junto con infanticidio femenino, el matrimonio en la infancia o forzoso, y la selección prenatal del sexo. Habitualmente se practica en niñas hasta los 14 años, aunque ocasionalmente puede identificarse en mujeres adultas. Se trata de una práctica valorada positivamente en aquellos grupos étnicos que la realizan, en tanto «se considera una actividad dentro del ciclo vital de las mujeres y su realización cuenta con el consentimiento de la comunidad e, incluso, de la mayoría de las familias de las niñas» (Fundación Wassu-UAB, 2020: 21). Así, entre la multiplicidad de razones que sustentan esta práctica violatoria de los derechos humanos al interior de las comunidades que la practican, se puede identificar su vinculación a ceremonias de iniciación, motivos higiénicos, o prácticas de control de la sexualidad de las mujeres.

La Organización Mundial de la Salud[4] ha propuesto una tipología que comprende los siguientes tipos de prácticas dentro de la mutilación genital femenina:

– **Tipo 1:** Resección parcial o total del glande del clítoris (parte externa y visible del clítoris, la parte sensible de los genitales femeninos) y/o del prepucio o capuchón del clítoris (pliegue de piel que rodea el glande).

– **Tipo 2:** Resección parcial o total del glande del clítoris y los labios menores (los pliegues internos de la vulva), con o sin escisión de los labios mayores (pliegues cutáneos externos de la vulva).

– **Tipo 3:** Estrechamiento de la abertura vaginal, que se sella mediante el corte y recolocación de los labios menores o mayores, a veces cosiéndolos, con o sin

---

3   Las fuentes consultadas indican que existe evidencia de que la práctica pudo ser habitual anteriormente.

4   Ver OMS (31/01/2025) *Mutilación genital femenina.* Disponible en: https://www.who.int/es/news-room/fact-sheets/detail/female-genital-mutilation Consultado el 04/04/2025.

resección del prepucio o capuchón y del glande del clítoris. Esta práctica también se conoce como «infibulación».

– **Tipo 4: Incluye** cualquier otro procedimiento lesivo de los genitales femeninos con fines no médicos (la punción, perforación, incisión, raspado o cauterización de la zona genital).

La prevalencia de esta práctica es variable según los grupos étnicos donde se ha identificado. Las fuentes especializadas refieren que la MGF se concentra en 30 países de África, principalmente en la región subsahariana. En Oriente Medio, se realiza en Omán, Emiratos Árabes Unidos, Yemen, Irak, Irán, el Estado de Palestina y Jordania. En Asia, se relevaron grupos étnicos que practican la MGF en India, Indonesia, Malasia, Pakistán y Sri Lanka. En Europa del Este, se registró en el grupo de los Avar, al este de Georgia y en la Federación Rusa. En América del Sur, la MGF se practica entre las comunidades Emberá-Chamí y Nasa en Colombia. También se han registrado casos en Ecuador, Panamá y Perú (Kaplan *et al.*, 2022).

La expansión de la MGF en España tuvo lugar durante finales de la década de 1990 y los primeros años de 2000, a través de la migración proveniente de «países MGF»[5], que se ha consolidado desde 2008. En cuanto a la práctica de la MGF en territorio español, se tiene registro de algunos casos que se produjeron en Mataró (Catalunya), en el año 1993, y en Palma de Mallorca en 1996.

Si bien hay estudios que dan cuenta de un cambio en las actitudes sociales hacia la práctica de las personas provenientes de países MGF, debido reconocimiento del daño físico a largo plazo y el efecto negativo en la sexualidad de las mujeres (EIGE, 2021), se estima que el peso demográfico de la población de migrantes de la región subsahariana en España, junto a la elevada tasa de fecundidad de las mujeres africanas, puede propiciar un incremento de las consultas

---

5   El término se utiliza para referir a aquellos países donde se practica la MGF.

por niñas en riesgo de ser sometidas a esta práctica (Delegación del Gobierno contra la Violencia de Género, 2022). Actualmente, Senegal sigue siendo el principal país de origen de la población expuesta a la MGF en España, con un total aproximado de 90.000 residentes, y un crecimiento anual del 5 %. En segundo lugar, se encuentra Nigeria, con unas 43.000 personas residentes y Malí, con alrededor de 30.000. A estos dos países pertenece aproximadamente la mitad de la población femenina expuesta a la MGF. El resto de países de origen MGF que superan los 10.000 residentes en España son Gambia, Ghana, Guinea y Mauritania.

A partir de la breve reconstrucción que se ha realizado hasta aquí, resulta relevante destacar que la comprensión y el abordaje de la MGF desde una mirada intercultural, interseccional, de género, y desde una perspectiva de infancia y adolescencia, resulta relevante para pensar estrategias de prevención y acompañamiento de mujeres y niñas en riesgo, principalmente para profesionales de atención primaria en salud, el principal ámbito de detección de la MGF, así como de equipos interdisciplinarios a cargo de elaborar estrategias preventivas y asistenciales.

3. Concepto, definición legislativa

En cuanto a la evolución del concepto, las fuentes especializadas indican que la práctica de la MGF se ha conocido como «circuncisión femenina» —o sólo «circuncisión»—, haciendo referencia a la práctica cultural realizada en ambos sexos como rito de paso a la adultez, pero sin implicar violencia o agresión en el caso de los hombres[6].

La adopción del término (MGF) por parte del Comité Interafricano de Prácticas Tradicionales (IAC) y la OMS a comienzos de los noventa, junto a los aportes de los feminismos, contribuyeron a instalar el término en la agenda internacional de derechos

---

6 NUÑO Y THILL (2017) destacan las diferencias entre la práctica de la circuncisión en ambos géneros, puesto que en el caso de las mujeres implica la privación de uno de sus órganos, y resulta mucho más invasiva que la práctica en varones, a la vez que tiene mayores consecuencias para la salud y la vida sexual y reproductiva.

humanos (Fundación Wassu-UAB, 2020). Así, la comunidad internacional se ha pronunciado en favor de la eliminación de la mutilación genital femenina, entendida como una violación a los derechos humanos y a los derechos de la infancia, como también una forma de violencia contra las mujeres y niñas.

Desde estos dos aspectos (prevención y sanción de la violencia contra mujeres y niñas, y protección de las infancias) es posible sistematizar de manera cronológica los principales instrumentos normativos que contribuyeron a la definición legislativa de la MGF en el contexto español, a la luz de los avances a nivel internacional y europeo.

3.1. La MGF como forma de violencia contra las mujeres y niñas en el contexto internacional

Proponiendo una breve sistematización de los avances a nivel internacional, cabe mencionar la Declaración Universal de los Derechos Humanos, proclamada en 1948, y las numerosas normas que de ella se derivan, en tanto que subrayan la obligación que tienen los Estados de respetar y garantizar los derechos humanos básicos, en este caso los referidos a la salud, la integridad física y psíquica, y la no discriminación por razones de género.

En el año 1979, la CEDAW instó a los estados parte a modificar aquellos patrones de conducta sociales y culturales, «con miras a lograr la eliminación de los prejuicios y las prácticas habituales y de cualquier otra índole, basadas en la idea de la inferioridad o la superioridad de cualquiera de los sexos o en roles estereotipados de hombres y mujeres» (Art. 5).

En cuanto a la protección desde una perspectiva de infancias, en noviembre de 1989 la Asamblea General de Naciones Unidas adoptó de forma unánime la Convención de los Derechos del Niño, ratificada por España en 1990, que en su Artículo 24 inc.3 indica que «Los Estados miembros adoptarán todas las medidas eficaces y apropiadas posibles para abolir las prácticas tradicionales que sean perjudiciales para la salud de los niños».

En cuanto al abordaje específico de la MGF, se destacan los siguientes instrumentos: en 1990 la CEDAW emitió la Recomendación General N.º 14, instando a los estados parte a tomar medidas efectivas para la erradicación de la «circuncisión femenina». Posteriormente, en 1992, la Recomendación N.º 19 incorporó en su artículo 12 el término «mutilación genital» como parte de las «prácticas perpetuadas por la cultura y la tradición que son perjudiciales para la salud de las mujeres y las niñas» nombradas en el artículo 2 de la Declaración sobre la Eliminación de la Violencia contra la Mujer.

En 1993, esa Declaración incorporó la MGF junto con otras prácticas tradicionales perjudiciales, al tiempo que la Conferencia Mundial de la ONU sobre Derechos Humanos celebrada en Viena en 1993 hizo un llamamiento para la eliminación de todas las formas de violencia contra las mujeres. Asimismo, existen prohibiciones explícitas de la MGF en la Declaración sobre la Eliminación de la Violencia contra la mujer, y en la Declaración y Plataforma de Acción de Pekín (1995).

Posteriormente, en el año 1997, la OMS, UNICEF y el Fondo de Población de las Naciones Unidas (UNFPA) emitieron una declaración conjunta en contra de esta práctica. En 2022 la Asamblea General de la ONU emitió la Resolución 56/128 sobre «Prácticas tradicionales o consuetudinarias que afectan a la salud de la mujer y la niña» (2002), afirmando que «las prácticas tradicionales o consuetudinarias nocivas, incluida la mutilación genital femenina, constituyen una grave amenaza a la salud de las mujeres y las niñas, y pueden tener consecuencias fatales».

En el año 2007, UNFPA y UNICEF lanzaron el Programa Conjunto sobre Mutilación Genital Femenina, el mayor programa mundial destinado a acelerar la eliminación de la MGF, que se implementa desde 2008 y se encuentra actualmente en 17 países, además de apoyar iniciativas a nivel global. En 2009, la Oficina del Alto Comisionado de las Naciones Unidas para los Refugiados (ACNUR) emitió las «Guías sobre las Solicitudes de Asilo Relativas a la Mutilación Genital», en las que afirma que las solicitudes de asilo deben reconocer esta práctica como una forma de persecución por motivos de género y un acto de violencia contra las mujeres, que implica un daño severo, y constituye persecución. De esta manera, las mujeres y niñas sometidas a la misma —como también aquellas que la han sufrido— deben ser consideradas refugiadas, y el procedimiento de asilo debe reforzarse con orientaciones adicionales o modificaciones legislativas.

En 2012, la Asamblea General de Naciones Unidas adoptó la Resolución 67/146 de «Intensificación de los esfuerzos mundiales para la eliminación de la mutilación femenina», que exhortó a los Estados miembro a fortalecer los programas de promoción y concienciación sobre la MGF, e instó «a condenar todas las prácticas nocivas que afecten a las mujeres y las niñas, en particular la mutilación genital femenina, independientemente de que se realicen dentro o fuera de las instituciones médicas, y a tomar todas las medidas necesarias, incluso promulgando y aplicando leyes, para prohibir la mutilación genital femenina y proteger a las niñas y las mujeres contra esa forma de violencia, y a poner fin a la impunidad» (A/RES/67/146). Asimismo, la Resolución fija el día 6 de febrero como «Día Internacional de la Tolerancia Cero contra la Mutilación Genital Femenina», con el objetivo de ampliar los esfuerzos internacionales para el abandono de la práctica.

En 2014, se emitieron de manera conjunta la Observación general N.º 18 del Comité de los Derechos del Niño (CDN) y la Recomendación General n.º 31 del Comité CEDAW, sobre la eliminación de las prácticas nocivas que afectan a mujeres y niños.

En 2015 la comunidad internacional estableció una serie de Objetivos de Desarrollo Sostenible (ODS), entre los que se encuentra el ODS 5: Igualdad de género. En el marco de este objetivo, la meta 5.3 se propone «eliminar todas las prácticas nocivas, como el matrimonio infantil, precoz y forzado y la mutilación genital femenina». Más recientemente, en julio de 2020, el Consejo de Derechos Humanos aprobó la Resolución 44/16, sobre «Eliminación de la mutilación genital femenina» que, entre otras cuestiones, insta a los Estados parte «a que respeten, protejan y promuevan los derechos humanos de todas las mujeres y niñas, y a que adopten y aceleren la aplicación de leyes, políticas y programas que protejan y permitan el disfrute por ellas de todos los derechos humanos y libertades fundamentales».

3.2. Avances en el contexto europeo

En el contexto europeo, desde los años 2000 se han adoptado diversos mecanismos jurídicos específicos para abordar la MGF. Entre ellos, cabe destacar la Resolución 1247 de la Asamblea Parlamentaria del Consejo de Europa «sobre la mutilación genital femenina» adoptada en 2001, que entre otras cuestiones solicita a los Estados miembros la aprobación de legislación específica que prohíba la mutilación genital y la declare como violación de los derechos humanos y de la integridad corporal, así como el enjuiciamiento de las personas responsables, incluyendo a familiares y al personal de salud, y considerando inclusive a las prácticas realizadas en otros países. Asimismo, solicita flexibilidad al conceder asilo a aquellas mujeres en riesgo de ser sometidas a MGF.

En 2009, la Resolución 2008/2071(INI) del Parlamento Europeo, sobre la lucha contra la MGF en la Unión Europea, condenó esta práctica por constituir un acto de violencia contra la mujer que supone una violación de sus derechos fundamentales, y afirma que la práctica no puede justificarse invocando el respeto a tradiciones culturales.

En el año 2011 se adoptó el Convenio del Consejo de Europa sobre prevención y lucha contra la violencia contra las mujeres y la violencia doméstica (conocido como «Convenio de Estambul»). Ratificado por España en abril de 2014, se trata del primer instrumento europeo jurídicamente vinculante que aborda de manera específica la violencia contra las mujeres y puntualmente la práctica de la MGF. En su Artículo 38, establece que

«Las Partes adoptarán las medidas legislativas o de otro tipo necesarias para tipificar como delito, cuando se cometa de modo intencionado:

a) la escisión, infibulación o cualquier otra mutilación de la totalidad o parte de los labios mayores, labios menores o clítoris de una mujer;

b) el hecho de obligar a una mujer a someterse a cualquiera de los actos enumerados en el punto a) o de proporcionarle los medios para dicho fin;

c) el hecho de incitar u obligar a una niña a someterse a cualquiera de los actos enumerados en el punto a) o de proporcionarle los medios para dicho fin».

Asimismo, en su Artículo 41 el Convenio establece que las Partes adoptarán las medidas legislativas y de otro tipo para tipificar como delito la asistencia o la complicidad en la comisión o tentativa de comisión de los delitos. Adicionalmente, en su Artículo 44 establece que las Partes adoptarán las medidas para establecer su competencia con respecto a cualquiera de los delitos previstos en el Convenio cuando sean cometidos: en su territorio; a bordo de un buque que enarbole su pabellón; a bordo de una aeronave matriculada de conformidad con sus leyes internas; por uno de sus nacionales; o por una persona que tenga su residencia habitual en su territorio; sin subordinarse a la condición de que los hechos también se encuentren tipificados en el territorio en el que se hayan cometido.

Por su parte, la Resolución del 6 de febrero de 2014, sobre la Comunicación de la Comisión Europea «Hacia la eliminación de la mutilación genital femenina», que pone de relieve la necesidad de que la Comisión y el Servicio Europeo de Acción Exterior adopten una posición firme con respecto a los terceros países que no condenan la mutilación genital femenina.

Especial mención merece la Directiva 1385 del Parlamento Europeo y del Consejo, del 14 de mayo de 2024, sobre la lucha contra la violencia contra las mujeres y la violencia doméstica. El instrumento busca proporcionar un marco integral para prevenir y combatir eficazmente la violencia contra las mujeres y la violencia doméstica en toda la Unión Europea, dando cuenta de la insuficiencia de las disposiciones vigentes al momento. En este sentido, reconoce que las personas afectadas por la discriminación interseccional corren un mayor riesgo de sufrir violencia de género, por lo que los «Estados miembros deben prestar la debida atención a las víctimas afectadas por la discriminación interseccional, adoptando medidas específicas», y al momento de la evaluación individual para determinar las necesidades de protección de las víctimas, el apoyo especializado y la formación e información para equipos profesionales que tengan probabilidades de estar en contacto con ellas. Asimismo, apunta que «el conocimiento previo del autor, o el haber mantenido previamente una relación con éste, es un factor que debe tenerse en cuenta a la hora de evaluar el riesgo de represalias».

El considerando 15 de la Directiva se refiere específicamente al delito de MGF, entendida como «las prácticas de mutilación realizadas por razones que no son médicas, que causan a sus víctimas daños irreparables para toda la vida». Se establece que, ante la especial naturaleza de este delito, los Estados miembros deben regularlo de manera específica en las leyes penales, y ofrece una definición de las distintas prácticas comprendidas dentro de la MGF, definiendo la resección parcial o total del clítoris y de los labios mayores como «escisión», el cierre de los labios mayores juntando parcialmente mediante sutura los labios externos de la vulva para estrechar la abertura vaginal como «infibulación», y utilizando el término «cualquier otra mutilación» para designar todas las demás alteraciones físicas de los genitales femeninos. Así, en su Artículo 3, la Directiva dispone que los Estados miembro «garantizarán que sean punibles como delito las siguientes conductas intencionadas: a) la escisión, la infibulación o cualquier otra mutilación de la totalidad o parte de los labios mayores, los labios menores o el clítoris; b) obligar a una mujer o niña a someterse a cualquiera de los actos mencionados en la letra a) o de proporcionarle los medios para dicho fin».

Adicionalmente, la Directiva establece que se deben ofrecer servicios de apoyo especializado a las víctimas, con independencia de si éstas han formalizado una denuncia, por lo que los Estados miembro deben brindar una respuesta especialmente sensible por parte de personal formado y especializado, con el máximo nivel de privacidad y confidencialidad. En este sentido, el Artículo 27 establece la garantía de «atención ginecológica, sexológica, psicológica y postraumática y asesoramiento personalizado teniendo en cuenta las necesidades especiales de estas víctimas, después de que se haya cometido el delito y durante todo el tiempo que sea necesario a partir de entonces». En cuanto a la prevención, la Directiva establece la obligación de adoptar medidas preventivas para concientizar sobre la MGF, y el alcance de dichas medidas, deben ser proporcionales al número de personas en riesgo o afectadas por esta práctica en el Estado miembro (Artículo 34 inc. 7).

Finalmente, cabe incluir en el repaso de herramientas existentes en el marco europeo a las Conclusiones del Consejo de la Unión Europea, de 5 de junio de 2014, sobre «Prevención y eliminación de todas las formas de violencia contra la mujer y la niña, incluyendo la mutilación genital».

4. Definición del marco normativo sobre MGF en España

En línea con las orientaciones internacionales presentadas anteriormente, España ha promovido a lo largo de los últimos años diversas reformas legislativas para promover la prevención, sanción y persecución de la MGF, a partir del principio de que el respeto a las tradiciones culturales debe tener como límite el respeto a los derechos humanos de todas las personas.

En este sentido, España criminaliza explícitamente la MGF, y aplica el principio de extraterritorialidad en su sanción[7]. El marco normativo para la prevención, sanción y protección frente a la MGF incluye distintas herramientas: entre ellas, el Código Penal, la legislación sobre reagrupación familiar, protección del menor, y protección de la violencia de género, así como la ley del derecho de asilo y protección subsidiaria[8].

---

7   Esto es, que permite juzgar en España casos cometidos en el extranjero, incluso si el delito no estuviera tipificado en el país donde se cometió, siempre que sea perpetrado por una persona española o con residencia en España.

8   Por razones de extensión, no se sistematiza aquí la normativa a nivel autonómico y la jurisprudencia. Para un análisis exhaustivo, ver Fundación Wassu-UAB (2020).

Asimismo, en el marco de los compromisos asumidos por España a partir de la ratificación de la Convención de los Derechos del Niño, en 1996 fue promulgada la Ley Orgánica 1/1996 de Protección Jurídica del Menor, que introdujo modificaciones parciales al Código Civil y la Ley de Enjuiciamiento Civil. Posteriormente, en 2015, se promulgaron la Ley Orgánica 8/2015 y la Ley 26/2015, de Modificación del Sistema de Protección a la Infancia y la Adolescencia. Este instrumento define a las personas menores de edad como sujetos de derechos y reconoce su capacidad progresiva para ejercerlos. Asimismo, establece las acciones a cargo de los poderes públicos frente a situaciones de desprotección social de personas menores.

Cabe mencionar que el Eje 8 del Pacto de Estado en materia de Violencia de Género de 2017 incorporó la «visualización y atención de las formas de violencia de género fuera del contexto de pareja o expareja», haciendo mención explícita a la violencia sexual, la trata de mujeres y niñas con fines de explotación sexual, el matrimonio forzado y la mutilación genital femenina.

Finalmente, cabe mencionar que, si bien la Ley Orgánica 1/2004 no menciona explícitamente la MGF, la práctica se considera una forma de violencia de género cuando afecta a mujeres y niñas por razones de sexo. Asimismo, el marco normativo vigente introduce medidas preventivas y de protección desde una perspectiva integral, incluyendo la educación, salud, asistencia social y jurídica, que se traducen en diversas políticas públicas. Estas herramientas se desarrollarán en los apartados subsiguientes.

4.1. Prevención

Entre las principales medidas para la prevención de la MGF, se encuentran los protocolos y guías de abordaje de la MGF. A nivel estatal, se destaca el «Protocolo común para la actuación sanitaria ante la Mutilación Genital Femenina» del Ministerio de Sanidad, Servicios Sociales e Igualdad (2015). Se trata de un documento que ofrece un marco conceptual y jurídico sobre la práctica, así como las acciones para la prevención, detección e intervención con mujeres y niñas que han sufrido una MGF, en mujeres jóvenes, mayores de 18 años y niñas en riesgo de sufrir una MGF, destinado a profesionales de servicios de atención primaria de la salud.

Considerando que la principal situación de riesgo de sufrir una MGF se presenta ante la proximidad a un inminente viaje de una niña al país de origen donde la práctica se realiza[9], el Protocolo introduce una herramienta para que los progenitores y/o tutores de niñas en riesgo puedan utilizarlo en sus viajes a los países de origen, como instrumento de apoyo en su decisión de no practicar la MGF a sus hijas. Se trata del «Compromiso Preventivo» (también conocido como «Pasaporte MGF»), un documento que busca fortalecer el compromiso de las personas progenitoras para evitar la mutilación a sus hijas, reducir el efecto de las presiones del entorno familiar en los países de origen, y explicar las consecuencias jurídicas de realizar la MGF. El compromiso es voluntario, y su firma es confidencial, si bien se deja constancia en la historia clínica de la niña, dando cuenta de la acción preventiva por parte de profesionales de la salud que tienen conocimiento de la exposición de una niña a la MGF.

En este punto, es importante resaltar que, mientras «las regulaciones penales y procesales pertenecen a la competencia del estado, los trabajos de prevención y atención caen dentro de la competencia regional, como es el caso de la educación o la salud. Esto implica desigualdades territoriales» (Fundación Wassu-UAB, 2020: 27), lo cual se traduce en una falta de homogeneidad de políticas y servicios públicos entre las distintas Comunidades Autónomas. De las diecisiete comunidades autónomas que conforman España, doce cuentan con su propio protocolo u orientaciones específicas sobre la MGF, siendo Cataluña la primera comunidad en redactar un protocolo específico, en el año 2002 (Fundación Wassu-UAB). Esta situación ha sido abordada por la medida 398 del documento de «Medidas del Pacto de Estado contra la violencia de género» de 2025, que busca «Dar cobertura a

---

9   La mayoría de las sentencias se han dado en los casos de niñas que llegaron a España por reagrupación familiar con una MGF practicada.

las víctimas de mutilación genital femenina desde todas las comunidades autónomas, unificando criterios y pautas de intervención para la reconstrucción, proporcionando acompañamiento psicológico especializado y garantizando el acceso igualitario y gratuito a las unidades de los hospitales públicos en las que se realice cirugía reconstructiva genital y del clítoris. Se asegurará que las víctimas sean informadas de estas unidades o servicios, de acuerdo con el artículo 27 Directiva Europea (UE) 2024/1385 del Parlamento Europeo y del Consejo, de 14 de mayo de 2024, sobre la lucha contra la violencia doméstica».

Asimismo, las fuentes especializadas apuntan como limitación que los protocolos se centren en el personal médico, lo cual obtura un abordaje integral del problema. Esto se debe a que, en ocasiones, los/as profesionales de los servicios de atención primaria no cuentan con suficiente tiempo, conocimientos especializados y/o abordaje intercultural para implementar las medidas preventivas sugeridas. De esta manera, el enfoque preventivo puede verse relegado frente a las acciones punitivas indicadas una vez detectada la práctica (EIGE, 2021).

Para revertir estas cuestiones, la sensibilización de la ciudadanía de manera integral, así como la formación del personal de salud y los servicios sociales en la materia, resulta fundamental. Esto ha sido recogido en la medida 257.d) del documento de «Medidas del Pacto de Estado contra la violencia de género» de 2025 antes citado, que solicita al Consejo Interterritorial del Sistema Nacional de Salud «elaborar programas de formación, dotados con recursos, para dar a conocer la mutilación genital femenina y sus formas, especialmente en menores, a todos los y las profesionales sanitarios, para que sean capaces de prevenir y detectar situaciones de riesgo y /o posibles casos».

Por otro lado, la Estrategia Estatal para combatir las violencias machistas 2022-2025 incluye medidas específicas que se destacan aquí: por un lado, la Medida 87 establece el «Fomento de medidas para la sensibilización de la ciudadanía respecto a las prácticas de violencia contra las mujeres y en relación con los derechos sexuales y reproductivos, en concreto, la mutilación genital femenina, los matrimonios forzosos y precoces, y la trata y explotación sexual de mujeres y niñas»; por otro, la Medida 154 propone la «Revisión de los programas de formación actualmente vigentes dirigidos a los colectivos profesionales especializados, para garantizar la formación en violencias sexuales, prestando una especial atención a la detección de casos de mutilación genital femenina, trata de mujeres y niñas con fines de explotación sexual y matrimonio forzado». También contribuyen las medidas 97, que impulsa acciones para eliminar los enfoques sensacionalistas relativos a las informaciones sobre las violencias machistas, y la medida 133, que establece la elaboración, actualización y difusión de protocolos comunes sanitarios especializados de detección y atención en relación a todas las formas de violencia machista —incluyendo la MGF—, para su aplicación en todos los centros que integran el Sistema Nacional de Salud, desde un enfoque interseccional.

4.2. Persecución

En cuanto a la persecución de la MGF, en primer lugar, es preciso considerar que se trata de una práctica que se realiza en el ámbito familiar y comunitario, sobre la que existe aún poca sensibilización. Esto se traduce en dificultades para la visibilización y detección. De esta manera, la actuación de los servicios de atención primaria resulta fundamental.

Tal como se mencionó anteriormente, la MGF se encuentra tipificada como delito en España. La Ley Orgánica 11/2003 de medidas concretas en materia de seguridad ciudadana, violencia doméstica e integración social de los extranjeros —modificatoria de la Ley Orgánica 10/1995—, introduce la mutilación genital o ablación como delito en el Código Penal español. En su Artículo 149.2, el Código Penal establece penas de prisión de 6 a 12 años a quien cause mutilación genital, incluso si se consiente. Asimismo, establece que si la víctima fuera «menor o incapaz», será aplicable la pena de inhabilitación especial para el ejercicio de la patria potestad, tutela, curatela, guarda o acogimiento por tiempo de 4 a 10 años, si el juez lo estima adecuado al interés de la persona menor o «incapaz». Esta reforma reconoció que la integración social de personas extranjeras en España presenta nuevas realidades, y que la MGF no puede justificarse por razones religiosas o culturales. La MGF también puede ser sancionada cuando la mutilación es realizada fuera del país, siempre que uno de los progenitores o tutores de la niña afectada sea residente en España.

Anteriormente, la Ley Orgánica 1/1996, de Protección Jurídica del Menor, y la Ley Orgánica 6/1985 del Poder Judicial también habían acogido esta forma de violencia contra las mujeres.

En cuanto a los problemas de autoría, Polo García (2016) destaca que el delito puede ser cometido mediante dolo directo o de primer grado, o bien, por dolo indirecto, eventual o de segundo grado. En este último caso es relevante la posición de garante de los familiares más directos de la niña víctima de la ablación, pudiendo acudir a la doctrina de la comisión por omisión.

Por otro lado, en 2014 se modificó la Ley relativa a la Justicia Universal (Ley Orgánica 1/2014, de 13 de marzo de 2014, modificatoria de la LO 6/1985, de 1 de julio, del Poder Judicial). Si bien no hace mención explícita a la MGF, el apartado l, explicita la persecución de los delitos regulados en el Convenio de Estambul. Esta ley establece que

«Igualmente, será competente la jurisdicción española para conocer de los hechos cometidos por españoles o extranjeros fuera del territorio nacional susceptibles de tipificarse, según la ley española, como alguno de los siguientes delitos cuando se cumplan las condiciones expresadas:

l) Delitos regulados en el Convenio del Consejo de Europa de 11 de mayo de 2011 6 sobre prevención y lucha contra la violencia contra las mujeres y la violencia doméstica, siempre que:

1.° El procedimiento se dirija contra un español;

2.° El procedimiento se dirija contra un extranjero que resida habitualmente en España; o,

3.° El delito se hubiera cometido contra una víctima que, en el momento de comisión de los hechos, tuviera nacionalidad española o residencia habitual en España, siempre que la persona a la que se impute la comisión del hecho delictivo se encuentre en España».

Por otro lado, en caso de riesgo inminente de MGF, los jueces pueden adoptar medidas consideradas preventivas, de acuerdo con el artículo 158 del Código Civil, modificado por la Ley Orgánica 9/2000.

En relación con este punto, la medida 163 del documento de Medidas del Pacto de Estado contra la Violencia de Género de 2025 busca «Reforzar, a través de la formación de los operadores jurídicos, el conocimiento de la aplicación de la circunstancia agravante de género del artículo 22.4. del Código Penal a los delitos de mutilación genital femenina y los delitos contra la libertad sexual, cuando proceda en cada caso concreto».

Finalmente, la aplicación del Código Penal alcanza asimismo al personal de salud, que tiene la obligación de notificar a las autoridades policiales y jurídicas ante un caso de riesgo de MGF, a la vez que deben mantener el secreto profesional.

4.3. Protección

La legislación española ha introducido importantes avances para la protección de las infancias frente a la violencia. La reforma operada en la Ley Orgánica 1/1996, de 15 de enero, de Protección Jurídica del Menor, que modificó el Código Civil, y de la Ley de Enjuiciamiento Civil, por la Ley Orgánica 8/2015 y la Ley 26/2015, de 28 de julio, modificaron el sistema de protección de la infancia y la adolescencia, introduciendo como principio rector de la actuación administrativa el amparo de las personas menores de edad contra todas las formas de violencia, incluida explícitamente la mutilación genital femenina.

Así, los poderes públicos tienen la obligación de implementar acciones de sensibilización, prevención, asistencia y protección frente a cualquier forma de maltrato infantil, así como de establecer aquellos los procedimientos necesarios para asegurar la coordinación entre las administraciones públicas competentes.

Entre las herramientas para la protección de niñas expuestas a la MGF, nuevamente el personal sanitario tiene un rol fundamental, en tanto puede comunicar a la Entidad Pública de Protección de Menores correspondiente y al Ministerio Fiscal ante la existencia de riesgo de práctica de la MGF frente a un viaje inminente, para la puesta en marcha la adopción de medidas cautelares que lo eviten. Entre las medidas cautelares se encuentran la prohibición de salida del país de menores en riesgo de ser sometidas a MGF durante viajes al país de origen, la posibilidad de retirar pasaportes, imponer órdenes de alejamiento, y otras medidas protectoras.

Por otro lado, la Ley Orgánica 10/2022, de garantía integral de la libertad sexual, establece la puesta en práctica de políticas efectivas, globales y coordinadas entre las distintas administraciones públicas competentes, a nivel estatal y autonómico, para garantizar la sensibilización, prevención, detección y la sanción de las violencias sexuales, incluyendo las medidas de protección integral para garantizar la respuesta integral especializada frente a todas las formas de violencia sexual, la atención integral inmediata y recuperación en todos los ámbitos en los que se desarrolla la vida de las mujeres, niñas, niños y adolescentes, en tanto víctimas principales de todas las formas de violencia sexual. Este marco incluye la mutilación genital femenina.

5. Avances y retos

La reconstrucción de las herramientas para la prevención, sanción y abordaje de la MGF sintetizada hasta aquí da cuenta de un avance hacia el reconocimiento de la práctica como una violación de los derechos de mujeres y niñas. Esto se ha traducido en una serie de medidas integrales, sistematizadas actualmente en la Estrategia Estatal para combatir las violencias machistas 2022-2025.

En cuanto a los principales desafíos, a partir de las fuentes especializadas, se destaca la importancia de promover la participación de las mujeres que han sufrido MGF en las iniciativas de prevención y abordaje, para incorporar su voz en las distintas estrategias, evitando incurrir en una revictimización. Esto es importante a partir del rol que se les atribuye como transmisoras de la práctica, lo que se traduce en una mayor culpabilización de las madres, a partir de la idea de que la tradición se transmite a través de las mujeres. Para esto, resulta fundamental garantizar la accesibilidad lingüística a los programas de prevención y acompañamiento.

En línea con el punto anterior, se destaca la importancia de involucrar a los varones de las distintas comunidades a las estrategias de prevención de la MGF, considerando su rol en las definiciones al nivel de la comunidad y el entorno familiar.

Avanzar en un sistema nacional de registro, para garantizar el seguimiento de los casos de MGF y planificar políticas basadas en evidencia aparece como un desafío clave. Sobre este punto, cabe considerar los riesgos de estigmatización a la persona —considerando el temor o reticencia que puede generar en la población migrada de origen MGF o, en general, racializada, de origen subsahariano— así como los dilemas éticos que genera el registro de información a la luz de la confidencialidad de la información.

Por otro lado, garantizar la formación continua y regular para profesionales de los servicios sociales y sanitarios aparece como una necesidad para acompañar de manera efectiva las recomendaciones de los protocolos de actuación, y promover un abordaje interdisciplinario.

Con todo, la prevención y erradicación de la MGF requiere un trabajo integral desde una perspectiva de género e infancias, que evite la estigmatización y la revictimización, el reconocimiento de la voz de aquellas mujeres que atravesaron la práctica, y la perspectiva comunitaria e interseccional.

Bibliografía

Alto Comisionado de las Naciones Unidas para los Refugiados - ACNUR (2009) *Guías sobre las solicitudes de asilo relativas a la mutilación genital femenina*. Disponible en: https://www.acnur.org/fileadmin/Documentos/BDL/2009/7139.pdf

ASAMBLEA GENERAL DE NACIONES UNIDAS (2006) *Resolución 66/140. La niña.* Disponible en: https://docs.un.org/es/%20A/RES/66/140

ASAMBLEA GENERAL DE NACIONES UNIDAS (2020) *Resolución 44/16. Eliminación de la mutilación genital femenina.* Disponible en: file:///C:/Users/reyju/Downloads/A_HRC_RES_44_16-ES.pdf

Directiva 2024/1385 del Parlamento Europeo y del Consejo de la Unión Europea sobre la lucha contra la violencia contra las mujeres y la violencia doméstica. Disponible en: https://www.boe.es/buscar/doc.php?id=-DOUE-L-2024-80770

Estrategia Estatal para combatir las violencias machistas 2022-2025. Disponible en: https://violenciagenero.igualdad.gob.es/planes-actuacion/estrategiasestatales/estrategia-2022-2025/

FUNDACIÓN WASSU-UAB (2020) *La mutilación genital femenina en España.* Ministerio de Igualdad. Disponible en: https://violenciagenero.igualdad.gob.es/violenciaencifras/estudios/investigaciones/estudio-mgf/

INSTITUTO EUROPEO DE LA IGUALDAD DE GÉNERO - EIGE (2021) *Estimation of girls at risk of female genital mutilation in the European Union — Denmark, Spain, Luxembourg and Austria.* Oficina de Publicaciones de la Unión Europea, Luxemburgo. Disponible en: https://eige.europa.eu/publications-resources/publications/estimation-girls-risk-female-genital-mutilation-european-union-denmark-spain-luxembourg-and-austria

KAPLAN, A.; AJENJO COSP, M. Y LÓPEZ, A. (2022) *Mapa de la Mutilación Genital Femenina en España 2021.* Bellaterra, Fundación Wassu-UAB.

Ley Orgánica 1/1996, de 15 de enero, de Protección Jurídica del Menor, de modificación parcial del Código Civil y de la Ley de Enjuiciamiento Civil. Publicada en el Boletín Oficial del Estado (BOE) n.º 15, de 17 de enero de 1996. Disponible en: https://www.boe.es/buscar/pdf/1996/BOE-A-1996-1069-consolidado.pdf

Ley Orgánica 1/2004, de 28 de diciembre, de Medidas de Protección Integral contra la Violencia de Género. Publicada en el Boletín Oficial del Estado (BOE) n.º 313, de 29 de diciembre de 2004. Disponible en: https://boe.es/buscar/pdf/2004/BOE-A-2004-21760-consolidado.pdf

Ley Orgánica 11/2003, de 29 de septiembre, de medidas concretas en materia de seguridad ciudadana, violencia doméstica e integración social de los extranjeros. Publicada en el Boletín Oficial del Estado (BOE) n.º 234, de 30 septiembre 2003. Disponible en: https://boe.es/boe/dias/2003/09/30/pdfs/A35398-35404.pdf

Ley Orgánica 3/2005, de 8 de julio, de modificación de la Ley Orgánica 6/1985, de 1 de julio, del Poder Judicial, para perseguir extraterritorialmente la práctica de la mutilación genital femenina. Publicada en el Boletín Oficial del Estado (BOE) n.º 163, de 9 de julio de 2005. Disponible en: https://boe.es/boe/dias/2005/07/09/pdfs/A24457-24457.pdf

Ley Orgánica 8/2015, de 22 de julio, de modificación del sistema de protección a la infancia y a la adolescencia. Publicada en el Boletín Oficial del Estado (BOE) n.º 175, de 23 de julio de 2015. Disponible en: https://www.boe.es/boe/dias/2015/07/23/pdfs/BOE-A-2015-8222.pdf

Ministerio de la Presidencia, Relaciones con las Cortes e Igualdad (2017) *Pacto de Estado en materia de Violencia de Género*. Disponible en: https://violenciagenero.igualdad.gob.es/wp-content/uploads/FolletoPEVG-castweb.pdf

Ministerio de la Presidencia, Relaciones con las Cortes e Igualdad (2025) *Pacto de Estado en materia de Violencia de Género. Medidas del Pacto de Estado contra la violencia de género*. Disponible en: https://violenciagenero.igualdad.gob.es/wp-content/uploads/Medidas-Renovacion-Pacto-de-Estado-en-materia-de-violencia-de-genero.pdf

MINISTERIO DE SANIDAD, SERVICIOS SOCIALES E IGUALDAD (2015) *Protocolo común de actuación sanitaria ante la mutilación genital femenina (MGF)*. Disponible en: https://www.sanidad.gob.es/gl/organizacion/sns/planCalidadSNS/pdf/equidad/Protocolo_MGF_vers5feb2015.pdf

NACIONES UNIDAS (2025) *Acabar con la mutilación genital femenina en 2030*. Disponible en: https://www.un.org/es/observances/female-genital-mutilation-day

NUÑO, L. & THILL, M. (2017) «Violence against women and international human rights framework» En: KAPLAN, A. & NUÑO, L. (2017) *Multisectoral Academic Training Guide on Female Genital Mutilation/Cutting*. Madrid: Editorial Dykinson.

ORGANIZACIÓN MUNDIAL DE LA SALUD – OMS/WHO (2025). *Mutilación genital femenina*. Disponible en: https://www.who.int/es/news-room/fact-sheets/detail/female-genital-mutilation

POLO GARCÍA, S. (2016) «La mutilación genital femenina. "Nuevos delitos en el Código Penal"». *Revista de Jurisprudencia*. Disponible en: https://elderecho.com/la-mutilacion-genital-femenina-nuevos-delitos-en-el-codigo-penal-2

UNICEF (2020) *Female genital mutilation (FGM)* Disponible en: https://data.unicef.org/topic/child-protection/female-genital-mutilation/#_ftnref1

CAPÍTULO VIII

LA VIOLENCIA OBSTÉTRICA COMO VIOLENCIA CONTRA LAS MUJERES POR RAZÓN DE GÉNERO

Paloma Torres López

*Co-fundadora de MEDUSA Abogadas y
Consultoras de Derechos Humanos*

1. Introducción

La violencia obstétrica, entendida como el conjunto de prácticas y omisiones ejercidas contra las mujeres en contextos de atención ginecológica, obstétrica y reproductiva, constituye una manifestación específica de la violencia de género. A pesar de su frecuencia y del profundo impacto físico, psicológico y simbólico que genera, esta forma de violencia ha sido históricamente invisibilizada y excluida tanto de los marcos normativos internos como de los estándares internacionales de protección de los derechos humanos.

Este silenciamiento no es casual: responde a estereotipos arraigados que subordinan a las mujeres debido a su capacidad reproductiva, negándoles agencia, autonomía y legitimidad para decidir sobre sus cuerpos. Como ha reconocido el Comité para la Eliminación de la Discriminación contra la Mujer (Comité CEDAW), estas prácticas perpetúan el estigma en torno al cuerpo y las funciones reproductivas femeninas, consolidando una forma de discriminación estructural basada en el género.

En la última década, sin embargo, el impulso del feminismo jurídico y de estrategias de litigio internacional ha abierto una nueva etapa en el reconocimiento de esta violencia. Casos emblemáticos como S.F.M., N.A.E. y M.D.C.P. c. España ante el Comité CEDAW han marcado un punto de inflexión, al lograr que se reconozca expresamente la violencia obstétrica como una forma de violencia de género y de discriminación basada en estereotipos. Estas decisiones, junto con avances recientes en el sistema interamericano, en la jurisprudencia europea y en algunas legislaciones nacionales, están configurando un incipiente cuerpo normativo internacional que obliga a los Estados a prevenir, sancionar y reparar este tipo de violencias.

Este capítulo analiza de forma integral el proceso de construcción jurídica de la violencia obstétrica como categoría de violación de derechos humanos. A partir de un enfoque interseccional y feminista, se abordan su conceptualización desde los instrumentos internacionales, los principales pronunciamientos jurisprudenciales, las resistencias estructurales que persisten en el sistema judicial español y los desafíos pendientes para garantizar una atención sanitaria respetuosa de la autonomía y la dignidad de las mujeres.

2. Contexto histórico y sociológico: hacia una conceptualización de la violencia obstétrica

La violencia obstétrica carece aún de una definición legal unificada en el derecho internacional, pero los organismos de derechos humanos han avanzado en su conceptualización como una forma específica de violencia de género, vinculada a la discriminación estructural que afecta a las mujeres en razón de su capacidad reproductiva. Desde los años noventa, el Comité CEDAW ha interpretado en su Recomendación General número 19 (1992) que la violencia basada en el género forma parte de la discriminación prohibida por la Convención, aunque no esté expresamente mencionada en cada disposición.

En su Recomendación General número 35 (2017), el Comité amplía esta visión, señalando que la violencia de género afecta a las mujeres a lo largo de todo su ciclo de vida y adopta múltiples formas, entre ellas las que ocurren en los servicios de salud. En particular, identifica como formas de violencia la negación de servicios, los tratamientos forzados sin consentimiento y los abusos derivados de estereotipos de género, que pueden incluso constituir tortura o trato cruel, inhumano o degradante, en violación del artículo 5 de la Convención.

En esta línea, la Organización Mundial de la Salud (OMS) ha reconocido que los servicios de salud reproductiva son uno de los ámbitos donde las mujeres sufren malos tratos institucionales, derivados tanto de intervenciones innecesarias como de la negación de autonomía. La OMS define estos abusos como parte de un fenómeno más amplio vinculado a los determinantes sociales de la salud, donde el género opera como eje estructurante de desigualdad (OMS, 2014; 2018). Asimismo, su declaración sobre el maltrato durante el parto (2014) insta a los Estados a garantizar una atención basada en la dignidad, el consentimiento informado y el respeto a la autonomía de las mujeres.

Desde una perspectiva regional, la Convención de Belém do Pará (1994) reconoce que la violencia contra la mujer incluye aquellas acciones que causan sufrimiento físico, sexual o psicológico tanto en el ámbito público como privado, incluyendo la atención obstétrica durante el embarazo y el parto. Esta noción se refuerza en el Protocolo de San Salvador, que insta a los Estados a garantizar cuidados especiales durante el embarazo y el puerperio.

También se han pronunciado relatores y órganos internacionales. El Relator Especial de Naciones Unidas sobre la Tortura, Juan Méndez, señaló que los abusos en la atención obstétrica pueden constituir tratos crueles o degradantes cuando se basan en estereotipos de género, como la negación de anestesia o el uso innecesario de episiotomías. Del mismo modo, la Declaración de expertos de la ONU sobre la Agenda 2030 subrayó que los procedimientos realizados sin consentimiento informado constituyen violaciones a los derechos sexuales y reproductivos de las mujeres.

En cuanto a jurisprudencia, tanto el Comité CEDAW como el sistema interamericano han avanzado en esta materia. En Alyne da Silva Pimentel c. Brasil (2011), el Comité consideró que la muerte materna evitable de una mujer afrobrasileña constituía una violación de sus derechos a la salud, la vida y la no discriminación, incluso tratándose de un hospital privado. También en L.C. c. Perú (2011), el Comité concluyó que la falta de acceso a un aborto terapéutico violó los artículos 2, 3, 5 y 12 de la Convención, al estar motivada por una visión estereotipada de la función reproductiva de la mujer.

En el ámbito europeo, el Tribunal Europeo de Derechos Humano ha reconocido que las decisiones sobre maternidad y parto se encuentran protegidas por el derecho a la vida privada garantizado por el artículo 8 del CEDH. En Ternovszky c. Hungría (2010), el Tribunal afirmó que las mujeres tienen derecho a elegir las circunstancias de su parto. En P.C. y S. c. Reino Unido (2002), consideró que la separación no justificada de una madre y su hijo tras el nacimiento debe someterse a un estándar de necesidad estricta. En P.S. c. Polonia, se pronunció contra el trato degradante recibido por una mujer embarazada, al generar en ella angustia y humillación.

La violencia obstétrica ha sido así reconocida implícitamente por diversos instrumentos como una violación a los derechos humanos de las mujeres, y como una forma de discriminación estructural que no se basa en la comparación con un modelo masculino, sino en el impacto específico sobre los cuerpos y decisiones reproductivas de las mujeres.

Posteriormente, el Informe de la Relatora Especial sobre la violencia contra la mujer, Dubravka Šimonović, supuso un punto de inflexión: en 2019 identificó expresamente la violencia obstétrica como una forma de violencia de género, reconociendo que puede constituir trato cruel, inhumano o degradante e incluso tortura, y que impide a las mujeres el acceso efectivo a su derecho al disfrute del más alto nivel posible de salud física y mental (Šimonović, 2019: párr. 47-51).

En su informe, la Relatora Especial señaló una serie de prácticas en los servicios de salud sexual y reproductiva que constituyen expresiones de maltrato y violencia de género. Identificó como formas específicas de violencia obstétrica intervenciones como la sinfisiotomía, la esterilización forzada, el aborto forzado, la cesárea no consentida y las episiotomías realizadas sin el consentimiento informado. Además, señaló otras prácticas consideradas como maltrato, entre ellas: la inmovilización física durante el parto, la detención de mujeres y recién nacidos por no poder costear los gastos hospitalarios, la utilización de personal no cualificado en exámenes ginecológicos, el uso innecesario de oxitocina, la aplicación de la maniobra Kristeller, la falta de respeto a la intimidad, los procedimientos quirúrgicos post-aborto o posparto sin anestesia adecuada, así como la negación del derecho a decidir sobre la postura del parto, la humillación verbal, las observaciones sexistas y la omisión del consentimiento informado o su manipulación.

A nivel regional europeo, el Consejo de Europa también avanzó en esta dirección con su resolución «Obstetrical and gynaecological violence» (2019), en la que se recomendó a los Estados abordar esta violencia desde una perspectiva de derechos humanos y género.

Desde el punto de vista feminista, la violencia obstétrica puede definirse como un ejercicio de poder sobre los cuerpos de las mujeres, que opera mediante la deshumanización de los procesos reproductivos y la patologización de funciones fisiológicas naturales, todo ello atravesado por estereotipos de género y dinámicas institucionales jerárquicas (García, 2018: 42; Méndez Aristizábal, 2023: 67).

Este marco conceptual permite comprender la violencia obstétrica no como un conjunto de malas prácticas médicas aisladas, sino como una manifestación específica de la violencia estructural y simbólica que sufren las mujeres en los sistemas de salud, agravada en contextos de discriminación interseccional (Mena-Tudela, 2025: 17).

En suma, la violencia obstétrica debe entenderse como una forma específica y autónoma de violencia de género, ejercida por acción u omisión, tanto por agentes públicos como privados, que vulnera derechos fundamentales como la integridad física, la autonomía reproductiva, la vida privada y la salud. Su erradicación requiere de un marco normativo claro, de formación obligatoria con perspectiva de género para profesionales de la salud y operadores jurídicos, y de mecanismos eficaces de acceso a la justicia para las mujeres.

3. Concepto y definición legislativa: configuración jurisprudencial de la violencia obstétrica desde el derecho internacional de los derechos humanos

La ausencia de un marco legal claro sobre la violencia obstétrica, así como la falta de sensibilización institucional y judicial sobre su naturaleza y consecuencias, ha obstaculizado históricamente el acceso a la justicia para las víctimas. En este contexto, un grupo de abogadas y activistas por los derechos de las mujeres impulsó en España una estrategia de litigio internacional ante el Comité CEDAW, con el objetivo de construir estándares internacionales que reconocieran esta violencia como una forma específica de violencia de género.

Los casos S.F.M., N.A.E. y M.D.C.P. fueron presentados conjuntamente como comunicaciones individuales conforme al Protocolo Facultativo de la Convención CEDAW, y constituyen un ejemplo paradigmático de litigio estructural. En los tres casos, las mujeres fueron sometidas a intervenciones médicas durante el parto sin su consentimiento, fueron infantilizadas, separadas de sus bebés, y sus testimonios fueron posteriormente deslegitimados en sede judicial. En todos los casos se evidenció un patrón de trato deshumanizante, ausencia de consentimiento informado y uso sistemático de estereotipos sobre el rol reproductivo de las mujeres (CEDAW/C/75/D/138/2018; CEDAW/C/82/D/149/2019; CEDAW/C/84/D/154/2020).

Uno de los objetivos principales de la estrategia fue situar la violencia obstétrica como una manifestación específica de la violencia de género, a través de la argumentación basada en los artículos 2, 3, 5 y 12 de la Convención. El artículo 2 impone a los Estados la obligación de adoptar medidas apropiadas para eliminar la discriminación en todas sus formas, mientras que el artículo 3 garantiza el ejercicio y disfrute de los derechos humanos en condiciones de igualdad. El artículo 5 aborda los estereotipos de género, y el artículo 12 protege el acceso a la salud sin discriminación.

La argumentación jurídica destacó dos dimensiones clave de esta violencia: por un lado, la deshumanización de la mujer durante el proceso de parto, traducida en la negación del consentimiento informado, la falta de información, la imposición de procedimientos, la separación del bebé o el impedimento del acompañamiento emocional. Por otro lado, la patologización sistemática del parto, mediante ingresos no justificados, inducciones innecesarias, episiotomías rutinarias o imposición de posturas (Méndez Aristizábal, 2023: 191).

En 2020, el Comité CEDAW dictó su primera resolución en el caso S.F.M. c. España, reconociendo por primera vez en el ámbito internacional que la violencia obstétrica es una forma de violencia de género y de discriminación basada en estereotipos (CEDAW/C/75/D/138/2018). El Comité condenó al Estado español por no haber garantizado el acceso a un servicio de salud respetuoso de los derechos de la mujer y por no haber ofrecido una reparación efectiva.

En 2022 y 2023, el Comité reiteró su posición en los casos N.A.E. y M.D.C.P., consolidando un cuerpo de doctrina que reconoce la violencia obstétrica como una forma de discriminación estructural que afecta desproporcionadamente a las mujeres en razón de su capacidad reproductiva (CEDAW/C/82/D/149/2019; CEDAW/C/84/D/154/2020)

Estas decisiones marcaron un hito, no solo por su valor simbólico, sino también por su potencial para influir en los marcos normativos nacionales y regionales. Sin embargo, su impacto ha sido limitado por la negativa del Estado español a asumir plenamente sus recomendaciones. A día de hoy, las medidas de reparación individual siguen pendientes de ejecución y no se han impulsado cambios legislativos sustantivos para abordar la violencia obstétrica en la legislación nacional (Aguilar Villuendas, 2022).

En esta misma línea, en 2024 el Comité CEDAW dictó una nueva decisión contra Argentina (CEDAW/C/89/D/145/2019), en la que reconoció que una mujer fue sometida a violencia obstétrica durante la atención médica de su parto, al haber sido intervenida sin consentimiento informado, en un contexto de trato negligente y humillante. El Comité reiteró que esta forma de violencia constituye discriminación por razón de género, y que los Estados tienen la obligación de garantizar el acceso a servicios de salud materna respetuosos, así como a mecanismos de reparación efectivos.

En el sistema interamericano, en 2022, la Corte Interamericana de Derechos Humanos aludió por primera vez al concepto de violencia obstétrica en su Opinión Consultiva OC-29/22, emitida el 30 de mayo. Esta opinión fue solicitada por la Comisión Interamericana con el objetivo de que la Corte determinara las obligaciones particulares de los Estados respecto a las condiciones de detención de mujeres embarazadas, en posparto o en periodo de lactancia. El pronunciamiento enfatizó la necesidad de adoptar un enfoque diferenciado que reconozca las necesidades específicas de estas mujeres privadas de libertad. Además, la Corte remarcó la obligación de los Estados de garantizar el acceso a la justicia para las mujeres que han sufrido violencia obstétrica, incluyendo la necesidad de tipificar legalmente esta forma de violencia (Maravall Buckwalter, 2025: 336)

El 18 de enero de 2023, la Corte Interamericana de Derechos Humanos dictó su primera sentencia en un proceso contencioso en el que abordó de forma directa la violencia obstétrica, en el caso *Brítez Arce y otros vs. Argentina*. Aunque el Estado argentino ya había admitido su responsabilidad, el tribunal interamericano estimó necesario desarrollar un análisis sobre las obligaciones estatales vinculadas al embarazo, el parto y el posparto, delimitando jurídicamente esta forma de violencia. En su fallo, la Corte calificó la violencia obstétrica como una manifestación específica de la violencia de género y como una vulneración del derecho a la salud —incluyendo la salud sexual y reproductiva— en conexión con otros derechos fundamentales. Además, subrayó que los Estados están obligados a proporcionar atención sanitaria especializada, adecuada y diferenciada durante todo el proceso reproductivo, así como a eliminar los estereotipos de género que perpetúan prácticas discriminatorias en el ámbito sanitario (Méndez Aristizábal, 2025: 21).

Estas decisiones han consolidado el reconocimiento internacional de la violencia obstétrica como una forma específica de violencia de género. No obstante, su impacto dependerá de que los Estados asuman sus obligaciones, adapten sus marcos normativos y garanticen el acceso efectivo a la justicia y la reparación.

4. Violencia obstétrica en España: fenómeno estructural y respuesta judicial fragmentaria

En el caso de España, los casos abordados ante el Comité CEDAW no fueron incidentes aislados, sino expresión de una violencia sistemática e institucional contra las mujeres que daña su autonomía, integridad y dignidad en contextos de alta vulnerabilidad física y emocional. Esta violencia se manifiesta no solo en la praxis clínica, sino también en el trato judicial, las valoraciones periciales y la falta de reparación efectiva. Se trata, en definitiva, de un fenómeno estructural, sostenido por estereotipos de género arraigados, especialmente aquellos que infantilizan a las mujeres y las reducen a objetos reproductivos (Jiménez Sánchez, 2021: 165).

Un ejemplo paradigmático de esta estructura discriminatoria es el conocido «Caso Oviedo», que ha generado una intensa polémica jurídica y social. En abril de 2020, una mujer embarazada que había optado por un parto domiciliario fue objeto de una orden de ingreso hospitalario forzoso para una posible inducción del parto, sin haber sido escuchada por ninguna autoridad judicial, y sin que se acreditara urgencia clínica individualizada. La mujer fue trasladada por la policía y retenida en el hospital durante más de 32 horas, hasta que finalmente dio a luz mediante cesárea, sin inducción y sin complicaciones.

Este caso dio lugar a dos sentencias del Tribunal Constitucional. La primera, la STC 66/2022, de 2 de junio, generó una gran preocupación entre organizaciones feministas y juristas, al concluir que no se produjo vulneración de derechos fundamentales, pese a reconocer la ausencia de habilitación legal específica, la falta de audiencia previa y la afectación a los derechos a la libertad personal y a la vida privada.

La sentencia fue duramente criticada por legitimar una lógica de «urgencia preventiva» sin juicio de proporcionalidad real, ni ponderación entre los derechos de la mujer y el interés del nasciturus. Como advirtieron los votos particulares, se cosificó a la mujer embarazada, tratándola como un mero contenedor sin voluntad propia, anulando su subjetividad jurídica (Tribunal Constitucional, 2022: voto particular de Xiol Ríos y Montalbán Huertas).

La gravedad del precedente llevó el caso ante el Tribunal Europeo de Derechos Humanos, donde está pendiente de sentencia. En este caso, la Asociación de Mujeres Juezas de España (AMJE) presentó un *amicus curiae* donde sostiene que se produjo una privación de libertad arbitraria y una vulneración del derecho a la vida privada, con un fuerte componente de discriminación por razón de género al aplicar medidas que solo pueden imponerse a mujeres por su capacidad reproductiva (AMJE, 2024).

La segunda, la STC 11/2023, de 23 de febrero, supuso un pronunciamiento relevante por parte del Tribunal Constitucional al ser la primera sentencia que menciona expresamente la discriminación por razón de género en el ámbito sanitario, en el marco de la salud reproductiva. No obstante, no se reconoció la vulneración de derechos fundamentales, ya que el tribunal concluyó que existió consentimiento por parte de la mujer, a pesar de que los hechos evidenciaban múltiples intervenciones médicas sin información suficiente, trato despersonalizado y consecuencias psicológicas graves. La mayoría del tribunal asumió que las actuaciones médicas se realizaron con el asentimiento tácito de la paciente, invisibilizando los desequilibrios de poder y la falta de opciones reales. Esta decisión ha sido objeto de crítica tanto por parte de organizaciones feministas como en los votos particulares, especialmente el de la magistrada Inmaculada Montalbán, quien alertó sobre la banalización del consentimiento y la negación de la desigualdad estructural de género en contextos médicos.

En paralelo, situaciones de violencia obstétrica siguen sucediendo. Un ejemplo de ello es el caso de una cesárea forzosa durante la pandemia de COVID-19, practicada a una mujer COVID+ sin consentimiento y en contra de las recomendaciones clínicas vigentes, en aplicación de una orden interna hospitalaria que establecía cesáreas sistemáticas para todas las gestantes contagiadas (Sentencia n.º 111/2024 del Tribunal Superior de Justicia de Cantabria, de 5 de abril de 2024, en relación con la Sentencia n.º 138/2023 del Juzgado de lo Contencioso-Administrativo n.º 2 de Santander). El caso plantea cuestiones inéditas sobre los límites del derecho a la integridad física (art. 15 CE) en contextos de salud pública, la necesidad de control judicial en intervenciones quirúrgicas forzosas y la posible discriminación por razón de sexo (art. 14 CE) al tratarse de medidas que solo afectan a mujeres por su capacidad reproductiva. Un posible pronunciamiento del Tribunal Constitucional podría sentar doctrina clave sobre consentimiento, perspectiva de género y salud reproductiva en situaciones de emergencia sanitaria.

También destacan algunos avances jurisprudenciales recientes a nivel nacional. En febrero de 2023, el Juzgado de lo Contencioso-Administrativo n.º 5 de Las Palmas de Gran Canaria dictó una sentencia pionera que reconoció el derecho de una mujer a decidir sobre el modo en que deseaba parir, revocando la decisión médica de practicarle una cesárea sin justificación obstétrica suficiente y sin considerar su voluntad. El fallo afirmó que la elección del parto forma parte del derecho a la autonomía personal, reconociendo la vulneración del consentimiento informado y la falta de proporcionalidad en la intervención quirúrgica.

Más recientemente, en marzo de 2025, el Tribunal Superior de Justicia de Galicia dictó la primera sentencia en España que reconoce expresamente la existencia de violencia obstétrica. El tribunal concedió una indemnización a una mujer por el daño moral sufrido durante el parto en un hospital público, destacando la ausencia de apoyo emocional, la separación no justificada de su pareja y las desavenencias con el personal médico. La sentencia califica explícitamente los hechos como violencia obstétrica y los vincula con una afectación grave a la integridad moral, sentando un precedente inédito en la jurisdicción contencioso-administrativa.

Estos precedentes judiciales muestran cómo el abordaje de la violencia obstétrica en España sigue siendo fragmentario, dependiente de la sensibilidad de los operadores jurídicos, y carente de un marco normativo coherente. La ausencia de formación especializada, la escasa inclusión de estándares internacionales en la práctica judicial y la falta de datos estadísticos impiden una respuesta adecuada frente a esta forma de violencia de género.

5. Avances y retos: falta de implementación y resistencias institucionales

A pesar de los avances jurídicos obtenidos a través del litigio estratégico ante instancias internacionales, como el Comité CEDAW, el reconocimiento formal de la violencia obstétrica como una forma de violencia de género no ha sido aún acompañado de reformas estructurales a nivel interno que garanticen su prevención, sanción y reparación.

Uno de los problemas más persistentes es el incumplimiento de las recomendaciones internacionales. En los casos S.F.M., N.A.E. y M.D.C.P. c. España, el Comité CEDAW instó al Estado a adoptar medidas de reparación individual y reformas estructurales, incluyendo la formación del personal sanitario y judicial, la recopilación de datos y la elaboración de protocolos que garanticen el consentimiento informado. Sin embargo, ninguna de estas recomendaciones ha sido ejecutada plenamente. Las víctimas siguen sin recibir reparación integral y los estereotipos de género continúan operando en las decisiones clínicas y judiciales.

En el ámbito normativo, la reciente reforma de la Ley Orgánica 2/2010, a través de la Ley Orgánica 1/2023, incorporó un nuevo Capítulo sobre derechos sexuales y reproductivos en el ámbito ginecológico y obstétrico, así como el artículo 7 bis, que refuerza la protección del consentimiento informado. No obstante, el concepto de violencia obstétrica no fue incluido expresamente en el texto legal, lo que representa una oportunidad legislativa perdida para consolidar su reconocimiento jurídico.

La región latinoamericana ha sido pionera en el reconocimiento jurídico de la violencia obstétrica, incorporándola en sus marcos normativos de distintas formas. Algunos países como Venezuela, Argentina, Panamá o Ecuador cuentan con leyes nacionales que tipifican esta forma de violencia, mientras que, en otros, como México o Brasil, el reconocimiento se ha dado a nivel estatal o por vía jurisprudencial, como en los casos de Colombia y México (Méndez Aristizábal, 2025).

En España, solo algunas normativas autonómicas reconocen la violencia obstétrica. Un ejemplo es el artículo 54 del Decreto Legislativo 1/2023, de 16 de marzo, por el que se aprueba el texto refundido de la Ley para la Igualdad de Mujeres y Hombres y Vidas Libres de Violencia Machista contra las Mujeres del País Vasco, establece que la violencia obstétrica constituye una forma de violencia machista. Otro ejemplo es el artículo 59 bis.1. b) de la Ley 10/2014, de 29 de diciembre, de Salud de la Comunitat Valenciana, que señala que las mujeres tienen derecho «a garantizar las medidas proclives a combatir la violencia obstétrica definida según la Organización Mundial de la Salud».

Un paso más allá lo da la Ley 5/2008, de 24 de abril, del derecho de las mujeres a erradicar la violencia machista, en Cataluña, que no solo la reconoce como tal, sino que además la define expresamente en su artículo 4.2.d):

> «Violencia obstétrica y vulneración de derechos sexuales y reproductivos: consiste en impedir o dificultar el acceso a una información veraz, necesaria para la toma de decisiones autónomas e informadas. Puede afectar a los diferentes ámbitos de la salud física y mental, incluyendo la salud sexual y reproductiva, y puede impedir o

dificultar a las mujeres tomar decisiones sobre sus prácticas y preferencias sexuales, y sobre su reproducción y las condiciones en que se lleva a cabo, de acuerdo con los supuestos incluidos en la legislación sectorial aplicable. Incluye la esterilización forzada, el embarazo forzado, el impedimento de aborto en los supuestos legalmente establecidos y la dificultad para acceder a los métodos anticonceptivos, a los métodos de prevención de infecciones de transmisión sexual y del VIH, y a los métodos de reproducción asistida, así como las prácticas ginecológicas y obstétricas que no respeten las decisiones, el cuerpo, la salud y los procesos emocionales de la mujer».

Además, el sistema judicial español continúa sin aplicar sistemáticamente la perspectiva de género en los casos relacionados con la salud reproductiva. La ausencia de doctrina constitucional clara sobre las intervenciones quirúrgicas forzadas, los límites del consentimiento informado en contextos de emergencia sanitaria o la discriminación basada en estereotipos reproductivos impide una protección efectiva de los derechos fundamentales de las mujeres. Esta omisión supone un incumplimiento de las obligaciones derivadas del artículo 5 de la CEDAW, que exige a los Estados eliminar los patrones socioculturales que perpetúan roles y estereotipos de género. De hecho, el Comité CEDAW ha condenado ya en cuatro ocasiones al Estado español por la aplicación de estereotipos de género en resoluciones judiciales, incluyendo tres casos directamente relacionados con la maternidad y la salud reproductiva.

En este contexto, el rol del Tribunal Constitucional y del Tribunal Europeo de Derechos Humanos será clave en los próximos años. También será crucial que se desarrolle una doctrina jurisprudencial clara sobre la obligación de juzgar con perspectiva de género, tal como exigen la CEDAW, el Convenio de Estambul y la Recomendación General número 33 sobre acceso a la justicia.

Por último, es urgente que se reconozca que la violencia obstétrica no es un problema de malas prácticas médicas aisladas, sino una forma estructural de violencia de género, que reproduce jerarquías, estereotipos y desigualdades históricas sobre los cuerpos y decisiones de las mujeres. En este sentido, la reparación no debe limitarse al plano individual, sino incluir transformaciones institucionales, formación obligatoria y acceso efectivo a la justicia para las víctimas.

6. Conclusiones

La violencia obstétrica constituye una vulneración grave de los derechos humanos de las mujeres, en particular de sus derechos a la salud, a la integridad personal, a no sufrir tratos crueles o degradantes, y a ejercer libremente su autonomía reproductiva. Desde el enfoque de derechos humanos, se trata de una forma específica de violencia de género, anclada en la discriminación estructural y en estereotipos históricos que subordinan a las mujeres en razón de su capacidad reproductiva.

Los organismos internacionales, como el Comité CEDAW y la Corte Interamericana de Derechos Humanos, han reconocido expresamente que la violencia en el ámbito sexual y reproductivo puede constituir discriminación y violencia de género, y han impuesto a los Estados obligaciones claras de prevención, sanción y reparación. Estas decisiones refuerzan el carácter vinculante de los estándares internacionales en la materia y evidencian la necesidad de una respuesta estatal coherente.

Sin embargo, en contextos como el español, el reconocimiento formal de esta forma de violencia no se ha traducido en cambios estructurales ni en una doctrina constitucional sólida. La ausencia de formación especializada, la resistencia judicial a aplicar el enfoque de género, y la falta de normativas claras impiden una protección efectiva de los derechos de las mujeres. Esta situación incumple las obligaciones internacionales derivadas, entre otros, del artículo 5 de la CEDAW, que exige a los Estados eliminar los estereotipos de género en todas sus formas.

En este contexto, es imprescindible avanzar hacia el reconocimiento legal explícito de la violencia obstétrica como forma de violencia de género, reforzar la formación obligatoria del personal sanitario y judicial, y garantizar el acceso efectivo a la justicia. Solo mediante un enfoque estructural, que desmantele los estereotipos que subordinan a las mujeres en el ámbito reproductivo, será posible garantizar su derecho a una atención sanitaria digna, informada y respetuosa de su autonomía.

Bibliografía

AGUILAR VILLUENDAS, V. (2022), Madrid; *Fundación Abogacía Española*, «Guía práctica: Efectos de los dictámenes de los Comités Internacionales de Derechos Humanos en el ordenamiento jurídico español».

ASOCIACIÓN DE MUJERES JUEZAS DE ESPAÑA (2024), Madrid; *Asociación de Mujeres Juezas de España – Blog*, «El Tribunal Europeo de Derechos Humanos acepta la intervención de AMJE en el conocido como "Caso Oviedo" que se sigue contra España por violencia obstétrica», 17 de octubre de 2024.

JIMÉNEZ SÁNCHEZ, C. (2021), Bilbao; *Deusto Journal of Human Rights*, «La violencia obstétrica como violación de derechos humanos: el caso S.F.M. contra España».

MARAVALL BUCKWALTER, I. (2025), Madrid; *Eunomía. Revista en Cultura de la Legalidad*, «Violencia obstétrica. Un concepto internacional inconcluso», 28: 332-354.

MENA TUDELA, D. (2025), Valencia; *Violencia obstétrica e interseccionalidades*, «Introducción. Claves teóricas para abordar la violencia obstétrica desde una perspectiva interseccional», págs. 11-15.

MÉNDEZ ARISTIZÁBAL, I. D. (2023), Madrid; *Universidad Carlos III de Madrid*, «La violencia obstétrica más allá de las salas de parto: una propuesta para su reconceptualización desde un enfoque feminista, interseccional y de derechos humanos».

Méndez Aristizábal, I. D. (2025), *Valencia; Violencia obstétrica e interseccionalidades*, «La violencia obstétrica frente a la interseccionalidad y el derecho a la salud sexual y reproductiva: una aproximación desde los Derechos Humanos», págs. 17-36

Asamblea Parlamentaria del Consejo de Europa, *Resolución 2306 (2019): Obstetrical and gynaecological violence*, adoptada el 3 de octubre de 2019.

CEDAW, Recomendación General N.º 19 de la CEDAW: La violencia contra la mujer, Naciones Unidas, 1992.

CEDAW, *Recomendación General N.º 35*: «La violencia por razón de género contra la mujer», Naciones Unidas, 2017.

CIDH, Opinión Consultiva OC-29/22, de 30 de mayo de 2022 «Enfoques Diferenciados Respecto de Determinados Grupos de Personas Privadas de la Libertad»

OMS (2014), Ginebra; *Prevención y erradicación de la falta de respeto y el maltrato durante la atención del parto en centros de salud*, WHO/RHR/14.23

OMS (2018), Ginebra; *Recomendaciones de la OMS para los cuidados durante el parto, para una experiencia de parto positiva*, WHO/RHR/18.12.

Relatora Especial de las Naciones Unidas sobre la violencia contra la mujer, sus causas y consecuencias, Informe «Enfoque basado en los derechos humanos del maltrato y la violencia contra la mujer en los servicios de salud reproductiva, con especial hincapié en la atención del parto», A/74/137, 1 de julio de 2019.

Relator Especial sobre la tortura y otros tratos o penas crueles, inhumanos o degradantes, Juan E. Méndez, Informe *A/HRC/22/53*, 1 de febrero de 2013

Relator Especial sobre la tortura y otros tratos o penas crueles, inhumanos o degradantes, Juan E. Méndez, Informe *A/HRC/31/57*, 5 de enero de 2016

CEDAW, M.D.C.P contra España, CEDAW/C/84/D/154/2020, 7 de marzo de 2023.

CEDAW, N.A.E. contra España, CEDAW/C/82/D/149/2019, 13 de julio de 2022.

CEDAW, S.F.M. contra España, CEDAW/C/75/D/138/2018, 6 de marzo de 2020.

CEDAW, *Alyne da Silva Pimentel contra Brasil*, CEDAW/C/49/D/17/2008, 27 de septiembre de 2011

CEDAW, *L.C. contra Perú*, CEDAW/C/50/D/22/2009, 25 de noviembre de 2011

CIDH, Caso Brítez Arce y Otros vs. Argentina, Sentencia de 16 de noviembre de 2022.

TEDH, *Ternovszky contra Hungría*, Sentencia de 14 de diciembre de 2010 (definitiva el 14 de marzo de 2011), demanda n.º 67545/09.

TEDH, *P., C. y S. contra Reino Unido*, Sentencia de 16 de julio de 2002, demanda n.º 56547/00.

TEDH, *P. y S. contra Polonia*, Sentencia de 30 de octubre de 2012 (definitiva el 30 de enero de 2013), demanda n.º 57375/08.

TRIBUNAL CONSTITUCIONAL, *Sentencia 66/2022, de 2 de junio de 2022*, Recurso de amparo n.º 6313-2019, BOE-A-2022-11082

TRIBUNAL CONSTITUCIONAL, *Sentencia 11/2023, de 23 de febrero de 2023*, Recurso de amparo n.º 8992021, BOEA20238218.

TRIBUNAL SUPERIOR DE JUSTICIA DE CANTABRIA. Sala de lo Contencioso Administrativo, *Sentencia n.º 111/2024, de 5 de abril de 2024, Recurso de Apelación 0000211/2023*

TRIBUNAL SUPERIOR DE JUSTICIA DE GALICIA, Sala de lo Contencioso-Administrativo, Sección 3.ª, *Sentencia n.º 143/2025, de 31 de marzo, Recurso de Apelación 7124/2024.*

JUZGADO DE LO CONTENCIOSO-ADMINISTRATIVO N.º 2 DE SANTANDER, *Sentencia n.º 138/2023, de* 21 de septiembre de 2023, *Procedimiento Especial para la Protección de los Derechos Fundamentales 0000203/2022.*

JUZGADO DE LO CONTENCIOSO-ADMINISTRATIVO N.º 5 DE LAS PALMAS DE GRAN CANARIA, *Sentencia n.º 38/2023, de 22 de febrero de 2023, Procedimiento Ordinario 0000233/2021.*

CAPÍTULO IX

LA CIBERVIOLENCIA DE GÉNERO: NOVEDADES LEGISLATIVAS

Maria Barcons Campmajó

Doctora en Derecho, Máster en estudios de género, politóloga, investigadora del Grupo Antígona y profesora lectora de Filosofía del Derecho de la Facultad de Derecho de la Universidad Autónoma de Barcelona

1. Introducción

La expansión de Internet y de las tecnologías de la información y la comunicación (TIC) ha configurado un nuevo ecosistema digital que, si bien ha facilitado el acceso a recursos y oportunidades, también ha propiciado la reproducción y amplificación de las desigualdades de género características de las sociedades patriarcales. Este entorno virtual no es ajeno a las dinámicas de discriminación ni a las manifestaciones de violencia de género, las cuales persisten como fenómenos estructurales y sistémicos (Barcons Campmajó, 2024). Puede afirmarse que la violencia virtual o ciberviolencia constituye una extensión de la violencia ejercida contra mujeres y niñas en contextos offline, lo que evidencia que las desigualdades estructurales de género también se reproducen en el ciberespacio (Aránguez Sánchez y Olariu, 2021; Villegas Simón y Navarro, 2021; Queralt Jiménez, 2023).

En este contexto, la ciberviolencia de género se concibe como una extensión de la violencia ejercida contra las mujeres, constituyendo una manifestación adicional de la discriminación y la desigualdad de género que se produce, distribuye y/o intensifica a través de medios digitales y las TIC. De acuerdo con ONU Mujeres (2020), la violencia digital se define como «aquella que se comete y expande a través de medios digitales como redes sociales, correo electrónico o aplicaciones de mensajería móvil, y que causa daños a la dignidad, la integridad y/o la seguridad de sus víctimas».

A pesar de la ausencia de estadísticas específicas y sistematizadas que permitan una correlación directa entre los distintos delitos tipificados en el entorno nacional y europeo, los datos disponibles permiten afirmar que la violencia digital afecta mayoritariamente a mujeres y niñas (Amnesty International, 2018; ONU Consejo de Derechos Humanos, 2018; Backe, Lilleston y McCleary-Sills, 2018; Lloria García, 2022a; Directiva UE 2024/1385). Aunque en los últimos años se ha incrementado el número de estudios sobre esta problemática, la escasez de información rigurosa dificulta la delimitación precisa de su magnitud real.

Es relevante subrayar que la ciberviolencia de género se inscribe en la violencia estructural del sistema patriarcal y presenta particularidades cuando se consideran variables interseccionales como la clase social, la orientación sexual, la edad, entre otras (Amnesty International, 2018). En este sentido, las mujeres lesbianas, bisexuales y transgénero, así como aquellas pertenecientes a minorías étnicas y religiosas, se encuentran especialmente expuestas a formas agravadas de ciberviolencia (Lomba, Navarra y Fernandes, 2021).

Uno de los principales retos en el estudio de la ciberviolencia de género radica en la ausencia de una definición homogénea del concepto. La literatura académica y los organismos especializados emplean diversas denominaciones, tales como: ciberviolencia de género[1], violencia de género digital, en línea o en internet[2], violencias machistas digitales[3] y ciberviolencias machistas[4].

Según la Organización de las Naciones Unidas «más del 73 % de las mujeres a nivel mundial han sido expuestas o han experimentado algún tipo de violencia en Internet; las jóvenes de entre 18 y 24 años enfrentan un alto riesgo de sufrir persecución, acoso sexual y amenazas físicas. En los 28 países de la Unión Europea, nueve millones de mujeres han experimentado violencia en línea desde los 15 años, y una de cada cinco mujeres usuarias de Internet reside en países donde es poco probable que se castigue el acoso y abuso en línea hacia las mujeres. Igualmente, el 28 % de las que han sido víctimas de violencia en línea han decidido disminuir su actividad en Internet de forma intencionada y el 90 % de las víctimas de distribución de imágenes íntimas de contenido sexual sin consentimiento son mujeres» (ONU, 2015; ONU, 2018).

Los datos disponibles sobre la ciberviolencia de género permiten evidenciar su prevalencia, especialmente entre mujeres jóvenes, a pesar de las limitaciones estadísticas y la falta de interrelación entre los distintos delitos tipificados en el ámbito nacional y europeo. Según la encuesta realizada por la Agencia Europea de los Derechos Fundamentales (FRA), una de cada diez mujeres (11 %) ha recibido insinuaciones inadecuadas en redes sociales o mensajes de correo electrónico o de texto con contenido sexual explícito. Esta forma de acoso afecta mayoritariamente a mujeres jóvenes, estimándose que 1,5 millones de mujeres en la Unión Europea de entre 18 y 29 años han sido víctimas de acoso cibernético en los doce meses previos a la entrevista. El riesgo de sufrir este tipo de acoso es el doble para las mujeres de 18 a

---

[1] Donoso, 2018; Pérez Vallejo, 2019; García Román y Mindek Jagic, 2021,

[2] Verdejo, 2015; Donoso-Vázquez y Rebollo-Catalán, 2018; Cuellar y Chaher, 2020; Villar, Méndez-Lois y Barreiro, 2021.

[3] Vergés, Alfama y Cruells, 2022.

[4] Igareda, Pascale, Cruells y Paz, 2019.

29 años en comparación con las de 40 a 49 años, y más del triple respecto a las de 50 a 59 años.

Además, el 21 % de las mujeres que han sufrido acoso por medios digitales manifiestan que dicho acoso se ha prolongado durante más de dos años. Una de cada cinco mujeres ha tenido que cambiar su dirección de correo electrónico o número de teléfono, lo que constituye un indicador jurídico relevante para determinar la existencia de acoso, al implicar reiteración y alteración de los hábitos de vida.

Asimismo, la investigación realizada por Amnistía Internacional en 2017 sobre el impacto del acoso en redes sociales revela consecuencias alarmantes para las mujeres de entre 18 y 55 años en países como Dinamarca, España, EE. UU., Italia, Nueva Zelanda, Polonia, Reino Unido y Suecia. Los resultados indican que:

- el 61 % sufre baja autoestima o pérdida de confianza en sí mismas;
- el 55 % padece estrés, ansiedad o ataques de pánico;
- el 63 % tiene problemas para dormir;
- el 56 % presenta dificultades de concentración.

Además, el 41 % de las mujeres víctimas de ataques en Internet afirma haber sentido amenazada su integridad física al menos una vez. El 26 % de las mujeres acosadas declara que se han divulgado públicamente datos personales, lo que permite su identificación, práctica conocida como *doxing*, *doxxing* o *doxeo*.

De acuerdo con Amnistía Internacional, el acoso cibernético ha llevado al 76 % de las mujeres a modificar la forma en que utilizan las redes sociales, y al 32 % a dejar de expresar sus opiniones sobre temas específicos.

Este tipo de violencia digital basada en el género no solo se propaga con rapidez, sino que puede trasladarse al ámbito offline, generando consecuencias físicas y psicológicas graves. (Amnesty International, 2017).

En este contexto, resulta especialmente relevante la *Encuesta Europea de Violencia de Género* (EEVG), desarrollada por la Delegación del Gobierno contra la Violencia de Género en el marco del Sistema Estadístico Europeo (SEE), coordinado por Eurostat. La encuesta, que incluye a 27 países de la UE y otros como Islandia, Montenegro, Serbia, Macedonia del Norte y Kosovo, se centra en mujeres de entre 18 y 74 años, aunque en España se ha ampliado la muestra a partir de los 16 años.

La EEVG aborda la violencia en el entorno digital, incluyendo el *stalking* y el acoso sexual en el ámbito laboral. En relación con el acoso reiterado *(stalking)*, se observa que el 19,5 % de las mujeres en España entre 16 y 74 años lo ha experimentado alguna vez, lo que representa aproximadamente 3.478.008 mujeres. Entre las formas de acoso sufridas:

- el 11 % ha recibido mensajes, correos electrónicos, cartas o regalos no deseados de forma repetida;
- el 8,6 % ha sido objeto de llamadas telefónicas obscenas, amenazantes, molestas o silenciosas;
- el 0,9 % ha visto divulgadas imágenes, vídeos o información altamente personal.

El acoso reiterado afecta especialmente a mujeres jóvenes: el 30,6 % de las mujeres entre 16 y 17 años y el 33 % entre 18 y 29 años lo han sufrido. Además, se constata que el 85,8 % de los agresores son hombres.

En cuanto al acoso sexual en el ámbito laboral, el estudio revela que:

- el 3 % de las mujeres ha tenido que afrontar la visualización de imágenes o vídeos sexualmente explícitos que les causaron ofensa, humillación o intimidación;
- el 5,4 % ha recibido insinuaciones indebidas a través de redes sociales;
- el 3,3 % ha sido objeto de correos electrónicos o mensajes de texto inapropiados y sexualmente explícitos.

En el caso español, los datos de la Macroencuesta de Violencia contra la Mujer 2019 revelan que casi dos de cada diez mujeres que han sufrido acoso sexual manifiestan haberlo experimentado a través de medios digitales. Asimismo, el 7,4 % de las mujeres de 16 años o más ha recibido, en alguna ocasión, insinuaciones inapropiadas, humillantes, intimidatorias u ofensivas mediante redes sociales. Si se consideran únicamente aquellas que han experimentado algún tipo de acoso sexual, el 18,4 % declara haberlo sufrido a través de redes sociales. Además, el 7,2 % de las mujeres ha recibido imágenes sexualmente explícitas sin consentimiento, el 15,2 % ha sido objeto de acoso reiterado por parte de una misma persona y el 4,3 % de quienes han sufrido acoso reiterado han experimentado la publicación o difusión no consentida de fotos, vídeos o información personal en Internet o redes sociales (Delegación del Gobierno contra la Violencia de Género, 2019).

En el ámbito autonómico, Cataluña dispone de datos específicos sobre ciberviolencia machista obtenidos a través de diversas encuestas. La más reciente, la Encuesta sobre las violencias machistas en Cataluña 2021, evidencia un incremento de las violencias digitales, especialmente en forma de acoso, perpetrado mayoritariamente por hombres que no han sido pareja de la víctima, aunque también, en menor medida, por exparejas. Entre las violencias machistas fuera del ámbito de la pareja, los hechos más frecuentes son los comentarios y gestos de carácter sexual (experimentados por el 59,5 % de las mujeres entrevistadas desde los 15 años) y el acoso o envío de mensajes sexuales a través de medios digitales (un 21 % de las mujeres afirma haber sufrido estos actos alguna vez en la vida desde los 15 años) (Departamento de Interior – Generalitat de Catalunya, 2021).

2. Concepto, definición legislativa

2.1. Ámbito internacional y europeo

Actualmente, no existe una definición única, universal y uniforme del concepto de «violencia digital». A diferencia de otras formas de violencia que sí han sido normativamente reconocidas y delimitadas, los ataques que sufren mujeres y niñas en el entorno virtual requieren aún una conceptualización precisa que permita su adecuada identificación y tratamiento jurídico. No obstante, diversos organismos internacionales han comenzado a incorporar referencias explícitas a esta problemática en sus documentos y marcos normativos. (Fernández Gómez *et al.*, 2025)

En el plano internacional, el marco normativo sobre la violencia de género en entornos digitales ha experimentado avances significativos en los últimos años. La Recomendación General número 35 de la CEDAW establece que la violencia por razón de género puede manifestarse a través de entornos tecnológicos, en línea y en entornos digitales (párrafo 20). En este sentido, se reconoce que: «La violencia por razón de género contra la mujer se produce en todos los espacios y esferas de la interacción humana, ya sean públicos o privados, entre ellos los contextos de la familia, la comunidad, los espacios públicos, el lugar de trabajo, el esparcimiento, la política, el deporte, los servicios de salud y los entornos educativos, y en la redefinición de lo público y lo privado a través de entornos tecnológicos, como las formas contemporáneas de violencia que se producen en línea y en otros entornos digitales» (párrafo 20).

Asimismo, la Relatora Especial sobre la violencia contra la mujer del Consejo de Derechos Humanos de Naciones Unidas ha reconocido que las violencias de género en los entornos digitales constituyen una forma de discriminación y una violación de los derechos humanos de las mujeres. En este marco, define la ciberviolencia de género como: «todo acto de violencia por razón de género contra la mujer cometido, con la asistencia, en parte o en su totalidad, del uso de las TIC, o agravado por este, como los teléfonos móviles y los teléfonos inteligentes, Internet, plataformas de medios sociales o correo electrónico, dirigido contra la mujer porque es mujer o que la afecta en forma desproporcionada» (ONU Consejo de Derechos Humanos, 2018, párrafo 23).

En el ámbito europeo, no existe una definición legal armonizada del concepto de ciberviolencia de género. El Consejo de Europa ha definido la ciberviolencia como: «el uso de sistemas informáticos para causar, facilitar o amenazar con violencia contra las personas, que tiene como resultado, o puede tener como resultado, un daño o sufrimiento físico, sexual, psicológico o económico, y puede incluir la explotación de la identidad de la persona, así como de las circunstancias, características o vulnerabilidades de la persona» (Consejo de Europa, 2018).

El *Advisory Committee on Equal Opportunities for Women and Men* recomienda a la Comisión Europea, en su notificación de 2020, el reconocimiento de la ciberviolencia como una forma de violencia contra las mujeres. Basándose en las definiciones del Consejo de Europa y de Naciones Unidas, propone la siguiente formulación: «La ciberviolencia contra las mujeres es un acto de violencia de género perpetrada directa o indirectamente a través de tecnologías de la información y la comunicación que produce, o puede provocar, daño o sufrimiento físico, sexual, psicológico u económico a mujeres y niñas, incluidas amenazas de estos actos, ya ocurran en la vida pública o privada, u obstáculos al ejercicio de sus derechos y libertades fundamentales. La ciberviolencia contra las mujeres no se limita, sino que incluye, violaciones de la privacidad, acecho, acoso, incitación al odio por motivos de género, intercambio de contenido personal sin consentimiento, abuso sexual basado en imágenes, piratería informática, robo de identidad y violencia directa. La ciberviolencia es parte del continuum de la violencia contra las mujeres: no es una forma aislada; surge y se sustenta de las múltiples formas de violencia offline» (Advisory Committee on Equal Opportunities for Women and Men, 2020, p. 4).

En este marco, el Convenio de Estambul —norma de referencia en materia de violencia de género desde su aprobación— no contiene una alusión explícita a la dimensión digital de la violencia contra las mujeres, lo cual resulta comprensible dado el momento de su elaboración. Sin embargo, su artículo 2 establece que el ámbito de aplicación incluye todas las formas de violencia contra las mujeres, lo que permite interpretar que la violencia digital queda englobada en dicho precepto.

Además, los artículos 33, 34 y 40 del Convenio son aplicables al contexto digital, al contemplar conductas como el acoso y el acoso sexual, reconocidas como formas de violencia psicológica. Estas disposiciones permiten delimitar los contornos de la ciberviolencia. El Convenio también promueve la implicación del sector privado, de las TIC y de los medios de comunicación en la elaboración de políticas integradoras, así como el establecimiento de directrices para prevenir la violencia contra las mujeres y reforzar el respeto a su dignidad. Asimismo, fomenta el desarrollo de capacidades en menores, progenitores y educadores para afrontar de forma segura el entorno tecnológico (artículo 17).

Esta extensión del ámbito de aplicación a la esfera digital ha sido confirmada por el Informe Explicativo del Convenio del Consejo de Europa sobre la prevención y lucha contra la violencia de género y doméstica 17, que explícitamente clasifica como contacto no deseado: «la búsqueda de cualquier contacto activo con la víctima a través de cualquier medio de comunicación disponible, incluidas las herramientas modernas de comunicación y las TIC».

Dado el impacto psicológico que la violencia en línea puede tener sobre las víctimas, el mandato del Convenio de Estambul de tipificar como delito la violencia psicológica (artículo 33) adquiere una relevancia particular en el contexto digital. (Fernández Gómez et al., 2025).

En el seguimiento de la implementación del Convenio de Estambul, instrumento jurídicamente vinculante para prevenir y combatir la violencia contra las mujeres y la violencia doméstica, el Grupo de Expertos/as del Consejo de Europa sobre la acción contra la violencia contra las mujeres y la violencia doméstica (GREVIO) ha identificado que las legislaciones y políticas públicas nacionales suelen omitir la dimensión digital de la violencia contra mujeres y niñas. En consecuencia, la Recomendación General n.º 1 del GREVIO reconoce la complejidad conceptual de definir la ciberviolencia contra las mujeres y niñas, señalando que «no existe una tipología/ definición universal de comportamientos o acciones que se considere que agrupe todas las formas de violencia contra las mujeres perpetradas en línea o a través de la tecnología» (GREVIO, 2021). Por ello, se propone el término «violencia contra las mujeres en su dimensión digital» como suficientemente amplio para abarcar todos los actos (GREVIO, 2021).

En el contexto europeo, recientemente se ha aprobación la primera directiva de lucha contra la violencia contra las mujeres, la *Directiva (UE) 2024/1385 del Parlamento Europeo y del Consejo, de 14 de mayo de 2024, sobre la lucha contra la violencia contra las mujeres y la violencia doméstica*[5]. Este instrumento normativo contempla como delitos diversas formas de ciberviolencia de género, tales como la difusión no consentida de material íntimo o manipulado, el ciberacecho (cyber stalking), el ciberacoso (cyber harassment), el ciberexhibicionismo (cyber flashing), así como la incitación a la violencia o al odio a través de medios digitales.

El artículo 5 de la propuesta de directiva tipifica el delito de difusión no consentida de material íntimo o manipulado, englobando las siguientes conductas:

a) «Hacer accesible al público, mediante tecnologías de la información y de las comunicaciones (TIC), imágenes, vídeos o materiales similares que representen actividades sexualmente explícitas o las partes íntimas de una persona sin su consentimiento, cuando sea probable que tal conducta cause graves daños a esa persona»;

b) «Producir, manipular o alterar y, posteriormente, hacer accesible al público, mediante TIC, imágenes, vídeos o materiales similares, haciendo que parezca que una persona está practicando actividades sexualmente explícitas, sin el consentimiento de dicha persona, cuando sea probable que tal conducta cause graves daños a esa persona»;

c) «Amenazar con cometer las conductas mencionadas en las letras a) o b) con el fin de coaccionar a una persona para que realice o acceda a que se realice determinado acto o se abstenga de realizarlo».

El artículo 6 regula el delito de ciberacecho, que incluye: «la conducta intencionada de someter reiterada o continuamente a otra persona a vigilancia, sin el consentimiento de esa persona o una autorización legal para hacerlo, mediante TIC, a fin de rastrear u observar los movimientos y actividad-

---

5   ELI: http://data.europa.eu/eli/dir/2024/1385/oj

des de dicha persona, cuando sea probable que tal conducta cause graves daños a esa persona».

Por su parte, el artículo 7 tipifica el ciberacoso, definido como:

a) «La participación reiterada o continua en conductas amenazantes dirigidas contra otra persona, al menos cuando esa conducta implique amenazas de cometer delitos, mediante TIC, y cuando sea probable que cause en la persona un profundo temor por su propia seguridad o por la seguridad de las personas a cargo»;

b) «La participación, junto con otras personas, mediante TIC, en conductas amenazantes o insultantes accesibles públicamente dirigidas contra una persona, cuando sea probable que tal conducta cause graves daños psicológicos a esa persona»;

c) «El envío no solicitado a una persona, mediante TIC, de una imagen, vídeo u otro material similar que represente los genitales, cuando sea probable que tal conducta cause daños psicológicos a esa persona»;

d) «Hacer accesible al público, mediante TIC, material que contenga los datos personales de una persona, sin su consentimiento, con el fin de incitar a terceros a causar lesiones físicas o psicológicas graves a dicha persona».

2.2. El ordenamiento jurídico español

2.2.1. LO 1/2004 y LO 10/2022

En el caso español, la Ley Orgánica 1/2004, de 28 de diciembre, de Medidas de Protección Integral contra la Violencia de Género (LO 1/2004), no contempla expresamente el concepto de ciberviolencia de género en su articulado. No obstante, a partir de la definición del artículo 1.3 y mediante una interpretación amplia, podría entenderse incluida: «La violencia de género a que se refiere la presente Ley comprende todo acto de violencia física y psicológica, incluidas las agresiones a la libertad sexual, las amenazas, las coacciones o la privación arbitraria de libertad».

Algunas autoras sostienen que, al abarcar «todo acto de violencia», la ciberviolencia de género quedaría automáticamente incluida en esta definición (García Collantes y Garrido Antón, 2021). Sin embargo, debe señalarse que, aunque se haga una interpretación extensiva, la ciberviolencia de género solo se concebiría en el ámbito de la pareja o expareja.

La Ley Orgánica 10/2022, de 6 de septiembre, de garantía integral de la libertad sexual (LO 10/2022), sí incorpora la violencia sexual en el ámbito digital. En su artículo 3.1, relativo al ámbito de aplicación, se especifica que: «Se prestará especial atención a las violencias sexuales cometidas en el ámbito digital, lo que comprende la difusión de actos de violencia sexual, la pornografía no consentida y la infantil en todo caso, y la extorsión sexual a través de medios tecnológicos».

La *Ley Orgánica 10/2022, de 6 de septiembre, de garantía integral de la libertad sexual* (LO 10/2022), tiene como finalidad la protección y garantía del derecho a la libertad sexual, incluyendo expresamente la violencia digital en su ámbito de aplicación. Esta norma introduce un apartado 5 en el artículo 172 ter del Código Penal[6], que tipifica la usurpación de identidad en redes sociales con el propósito de causar acoso, hostigamiento o humillación. Asimismo, se añade un párrafo segundo al artículo 197.7, que sanciona la difusión no autorizada de imágenes o grabaciones íntimas obtenidas con el consentimiento de la víctima en un entorno privado, cuando dicha difusión se realiza sin su consentimiento.

Tal como señala Lloria García (2022b), el espíritu de esta disposición busca sancionar a los terceros que difunden dicho contenido, aunque su redacción ha generado controversias interpretativas, especialmente tras la Sentencia núm. 699/2022, de 11 de julio, del Tribunal Supremo, que aborda

---

6   En 2023, se ratificó la *Ley Orgánica 1/2023, de 28 de febrero, que modifica la Ley Orgánica 2/2010, de 3 de marzo, sobre salud sexual y reproductiva y la interrupción voluntaria del embarazo*. Esta norma introduce una agravación en el apartado 5 del artículo 172 ter del Código Penal, estableciendo que, cuando la víctima sea menor de edad o persona con discapacidad, la pena se aplicará en su mitad superior.

la distinción entre «obtener» y «recibir» imágenes, lo que ha limitado hasta ahora su aplicación jurisprudencial, siendo anteriormente estas conductas objeto de reclamación únicamente en la vía civil por vulneración de derechos fundamentales como el honor, la intimidad y la propia imagen.

Adicionalmente, la LO 10/2022 modifica el artículo 13 de la Ley de Enjuiciamiento Criminal, permitiendo la adopción de medidas cautelares específicas frente a la delincuencia sexual en línea.

A nivel autonómico, algunas comunidades han avanzado en la regulación de la ciberviolencia de género, incorporando el concepto en sus leyes de violencia contra las mujeres. Destacan Andalucía (2018), Castilla-La Mancha (2018), Cataluña (2020), Galicia (2021) y La Rioja (2022).

En Andalucía, la *Ley 7/2018, de 30 de julio, por la que se modifica la Ley 13/2007, de 26 de noviembre, de medidas de prevención y protección integral contra la violencia de género*[7], incorpora como manifestación de violencia de género la ciberviolencia contra las mujeres, definiéndola como: «Aquella violencia de género en la que se utilizan las redes sociales y las tecnologías de la información como medio para ejercer daño o dominio, entre las que figuran el ciberacoso, ciberamenazas, ciberdifamación, la pornografía no consentida, los insultos y el acoso por motivos de género, la extorsión sexual, la difusión de imágenes de la víctima y las amenazas de violación y de muerte». (art. 3.4.m).

Por su parte, la *Ley 4/2018, de 8 de octubre, para una sociedad libre de violencia de género de Castilla-La Mancha*[8], prevé en su artículo 4 sobre manifestaciones de la violencia de género, «las manifestaciones de violencia ejercida

---

7   *Ley 7/2018, de 30 de julio, por la que se modifica la Ley 13/2007, de 26 de noviembre, de medidas de prevención y protección integral contra la violencia de género.* BOE núm. 207, de 27 de agosto de 2018, páginas 84908 a 84930 (23 págs.). Disponible en: https://www.boe.es/eli/es-an/l/2018/07/30/7

8   *Ley 4/2018, de 8 de octubre, para una Sociedad Libre de Violencia de Género en Castilla-La Mancha.* BOE, núm.301, de 14/12/2018. Disponible en: https://www.boe.es/eli/es-cm/l/2018/10/08/4/con

a través del uso de las tecnologías y de los medios sociales», definiéndolas como: «Cualquier lesión de la dignidad, integridad, intimidad y libertad de las mujeres que se produce a través de tecnologías de la información y la comunicación, ya sea a través del acoso, la extorsión, la divulgación de imágenes privadas o cualquier otra conducta que banalice, justifique o aliente la violencia hacia las mujeres, incluyendo la que se produce en las primeras relaciones afectivas entre jóvenes adolescentes.» (art. 4.h).

La *Ley 17/2020, de 22 de diciembre, de modificación de la Ley 5/2008, del derecho de las mujeres a erradicar la violencia machista*[9] de Cataluña, contempla expresamente la violencia digital como forma de violencia machista. En su artículo 4.f), la norma define la violencia digital como: «aquellos actos de violencia machista y misoginia en línea cometidos, instigados, amplificados o agravados, en parte o totalmente, mediante el uso de tecnologías de la información y la comunicación, plataformas de redes sociales, webs o foros, correo electrónico y sistemas de mensajería instantánea y otros medios similares que afecten a la dignidad y los derechos de las mujeres. Estos actos causan daños psicológicos e incluso físicos; refuerzan estereotipos; dañan la dignidad y la reputación; atentan contra la privacidad y libertad de obrar de la mujer; le causan pérdidas económicas, y plantean obstáculos a su participación política y a su libertad de expresión» (art. 4.f).

Asimismo, la ley catalana incorpora la violencia digital como un nuevo ámbito, definido en el artículo 5. quinto como: «La violencia machista que se produce en las redes de comunicación digitales, entendidas como nueva ágora de interacción, participación y gobernanza mediante las tecnologías de la información y la comunicación. Entre otras prácticas, incluye el ciberacoso, la vigilancia y el seguimiento, la calumnia, los insultos o las expresiones discriminatorias o denigrantes, las amenazas, el acceso no autorizado a los equipos

---

9   Ley 17/2020, de 22 de diciembre, de modificación de la Ley 5/2008, del derecho de las mujeres a erradicar la violencia machista. BOE núm. 11, de 13/01/2021. Disponible en: https://www.boe.es/eli/es-ct/l/2020/12/22/17/con

y cuentas de redes sociales, la vulneración de la privacidad, la manipulación de datos privados, la suplantación de identidad, la divulgación no consentida de información personal o de contenidos íntimos, el daño a los equipos o canales de expresión de las mujeres y de los colectivos de mujeres, los discursos de incitación a la discriminación hacia las mujeres, el chantaje de carácter sexual por canales digitales y la publicación de información personal con la intención de que otras personas agredan, localicen o acosen a una mujer».

Resulta relevante señalar que la normativa catalana contempla la violencia digital como una forma y como un ámbito de violencia machista. Desde una perspectiva doctrinal, cabría considerar que el ámbito digital constituye más bien un medio o herramienta a través del cual pueden materializarse distintas formas de violencia (física, psicológica, sexual o económica), en lugar de conceptualizarlo como una forma autónoma de violencia (Barcons Campmajó, 2024).

En Galicia, la *Ley 15/2021, de 3 de diciembre, por la que se modifica la Ley regional 11/2007, de 27 de julio, para la prevención y el tratamiento integral de la violencia de género*[10], en el artículo 3. h) conceptualiza la violencia de género digital o violencia en línea contra la mujer: «que incluye todo acto o conducta de violencia de género cometido, instigado o agravado, en parte o en su totalidad, por el uso de las nuevas tecnologías de la información y la comunicación (TIC), como Internet, plataformas de redes sociales, sistemas de mensajería y correo electrónico o servicios de geolocalización, con la finalidad de discriminar, humillar, chantajear, acosar o ejercer dominio, control o intromisión sin consentimiento en la privacidad de la víctima; con independencia de que el agresor guarde o no relación conyugal, de pareja o análoga de afectividad en el presente o en el pasado, o de parentesco con la víctima».

---

10   Ley 15/2021, de 3 de diciembre, por la que se modifica la Ley 11/2007, de 27 de julio, gallega para la prevención y el tratamiento integral de la violencia de género. BOE núm. 54, de 4 de marzo de 2022, páginas 25299 a 25301 BOE-A-2022-3412. Disponible en: https://www.boe.es/eli/es-ga/l/2021/12/03/15

Finalmente, en La Rioja, la *Ley 11/2022, de 20 de septiembre, contra la Violencia de Género*[11], incluye la violencia digital o ciberviolencia como una forma de violencia ejercida hacia las mujeres y niñas, definiéndola como: «toda conducta o acto violento contra las mujeres, llevado a cabo a través de las tecnologías de la información y la comunicación» (art. 5.j).

2.2.2. El Código Penal español

En los últimos años, se ha ido incorporando nuevas figuras delictivas en el Código Penal español y reformando otras ya existentes para dar respuesta a las formas de violencia que se manifiestan a través de las TIC.

Una de las primeras reformas relevantes fue la introducción del delito de *child grooming* mediante el artículo 183 bis del Código Penal, incorporado por la Ley Orgánica 5/2010, de 22 de junio. Este precepto sanciona a quien, «a través de Internet, teléfono u otra tecnología de la información y la comunicación, contacte a un menor de trece años y proponga encontrarse con él para cometer ciertos delitos descritos en los artículos 178 a 183 y 189», siempre que existan actos materiales que busquen acercarse al / a la menor. La pena prevista es de uno a tres años de prisión o multa de doce a veinticuatro meses, agravándose si el acercamiento se realiza mediante coacción, intimidación o engaño.

Posteriormente, la Ley Orgánica 1/2015, de 30 de marzo, introdujo el artículo 183 ter, que extiende la protección a menores de quince años, sancionando a quien, mediante medios tecnológicos, les embauque para obtener material pornográfico o imágenes de contenido sexual.

Esta reforma también modificó el artículo 197.7, tipificando el denominado «sexting de tercero», es decir, la divulgación no autorizada de grabaciones o imágenes íntimas obtenidas

---

11 Ley 11/2022, de 20 de septiembre, contra la Violencia de Género de La Rioja. BOE, núm. 238, de 4 de octubre de 2022, páginas 135946 a 135981. Disponible en: https://www.boe.es/eli/es-ri/l/2022/09/20/11

con el consentimiento de la víctima, pero difundidas sin su autorización, cuando afecten gravemente a su intimidad.

En cumplimiento del Convenio de Estambul, se incorporó el artículo 172 ter, que regula el delito de acoso, acecho u hostigamiento *(stalking)*. Este tipo penal busca sancionar conductas reiteradas que, sin constituir amenazas explícitas ni coacciones directas, menoscaban gravemente la libertad y seguridad de la víctima mediante persecuciones, vigilancias, llamadas insistentes u otros actos continuados de hostigamiento.

La misma reforma de 2015 añadió el apartado 8 al artículo 189, otorgando a jueces y tribunales la facultad de ordenar la eliminación de páginas web o aplicaciones que contengan o difundan pornografía infantil, así como aquellas que involucren a personas con discapacidad que requieran especial protección. También se permite el bloqueo del acceso a dichos contenidos para los usuarios en territorio español, pudiendo estas medidas adoptarse de forma cautelar a instancia del Ministerio Fiscal. (Fernández Gómez *et al.*, 2025).

La Ley Orgánica 10/2022, de garantía integral de la libertad sexual, amplió el marco penal en relación con la violencia digital. Se añadió un apartado 5 al artículo 172 ter, que tipifica la usurpación de identidad en redes sociales con el fin de causar acoso, hostigamiento o humillación.

También se incorporó un párrafo segundo al artículo 197.7, que sanciona a quien, habiendo recibido imágenes íntimas obtenidas con consentimiento en un entorno privado, las difunda sin autorización. Como señala Lloria García, «el espíritu de la norma, aunque está mal redactado [artículo], es que a los terceros se les castigue», aunque su aplicación práctica ha generado controversias interpretativas, especialmente tras la Sentencia núm. 699/2022, de 11 de julio, del Tribunal Supremo (Fernández Gómez *et al.*, 2025).

La LO 10/2022 también modificó el artículo 13 de la Ley de Enjuiciamiento Criminal, permitiendo la adopción de medidas cautelares específicas frente a la delincuencia sexual en línea.

3. Tipologías y características de la ciberviolencia de género

3.1. Tipologías de ciberviolencia de género

El Consejo de Europa, en su informe *Proteger a las mujeres y niñas de la violencia en la era digital* (Consejo de Europa, 2021), señala que las formas de violencia contra las mujeres facilitadas por la tecnología incluyen las siguientes manifestaciones, pero no se limitan a ellas:

- El acoso sexual en línea, que incluye el exhibicionismo cibernético *(cyberflashing)* o envío de imágenes sexuales no solicitadas; los comentarios sexualizados; la difamación sexualizada; la suplantación de identidad con fines sexuales; el doxeo *(doxing)*[12]; el troleo *(trolling)*[13] sexualizado y basado en el género; el flameo *(flaming)*[14]; los ataques de pandillas *(mob attacks)*; el acoso sexual basado en imágenes, como las fotos rastreras *(creepshots)*[15], las fotos debajo de la falda *(upskirting)*[16] el abuso sexual basado en imágenes (difusión no consentida de imágenes, vídeos o imágenes íntimas); la «pornografía de venganza»; las «ultrafalsas» *(deepfakes)*[17]; las agresiones sexuales y las violaciones graba-

---

12   *Doxing o doxeo*, consiste en reunir y difundir datos personales de una persona o un grupo sin su autorización, con la intención de perjudicar su reputación pública y profesional. (Fernández Gómez *et al.*, 2025).

13   *Trolling* o troleo, Son comportamientos en línea habitualmente anónimos, que tienen como objetivo incomodar, agredir verbalmente, provocar o causar daño mediante mensajes en redes sociales, blogs o foros, con intención de perjudicar la reputación de alguien o propagar información engañosa. (Fernández Gómez *et al.*, 2025).

14   *Flaming* o flameo, se refiere a agredir verbalmente a alguien en internet. Implica el uso de insultos, la expresión de intolerancia y cualquier forma de hostilidad verbal dirigida a una persona en particular.

15   Fotos sexualmente sugerentes o íntimas tomadas sin consentimiento y difundidas en línea.

16   Fotos sexuales o íntimas tomadas debajo de la falda sin consentimiento y difundidas en línea.

17   *Deepfake*, es un contenido audiovisual, ya sea un video, una imagen o un audio, manipulados con tecnología de inteligencia artificial de modo que parezcan auténticos, genuinos y reales.

das, incluidas las «videoagresiones» *(happy slapping)* transmitidas en vivo o distribuidas en sitios pornográficos; las amenazas y la coerción como el sexteo forzado *(forced sexting)*, la sextorsión; las amenazas de violación, y la incitación a cometer una violación.

- Formas de acoso, vigilancia o espionaje en línea empleando redes sociales o mensajería; robo de contraseñas; descifrado o piratería de dispositivos; instalación de software espía; suplantación de identidad con fines de acoso; geolocalización o localización mediante GPS; intimidación; amenazas y el control mediante cerraduras inteligentes o electrodomésticos inteligentes.

- Formas de violencia psicológica, como el discurso de odio sexista en línea; la incitación a las autolesiones o al suicidio; las agresiones verbales; los insultos; las amenazas de muerte; las presiones; el chantaje, y el revelar el nombre anterior *(deadnaming)*, es decir, emplear en contra de su voluntad el nombre con que fue inscrita en su nacimiento una persona transexual con el fin de perjudicarla.

En España, ante una falta de categorización unánime de las tipologías de ciberviolencia, el Observatorio Nacional de Tecnología y Sociedad (ONTSI, 2022) realiza la siguiente clasificación:

- Ciberacoso. Amenazas de violencia (incluida la sexual), coacción, insultos o amenazas, difusión no consentida de imágenes sexualmente explícitas.

- Amenazas directas o violencia física relacionada con las tecnologías digitales.

- Crímenes de odio por razón de sexo relacionados con las tecnologías digitales.

- Violaciones de privacidad relacionadas con la digitalización e Internet. *Doxing* (revelación de información personal confidencial), robos o suplantaciones de identidad, o tomar, compartir y manipular datos o imágenes (incluidos datos íntimos).

- Explotación sexual online.

3.2. Características y consecuencias

La ciberviolencia de género no constituye un fenómeno aislado ni exclusivo del entorno digital, sino que puede coexistir con formas de violencia presencial (offline). Diversos estudios han evidenciado que ambas modalidades pueden presentarse de manera simultánea, o bien que una preceda a la otra, generando una continuidad en el ejercicio de la violencia (Donoso-Vázquez y Rebollo-Catalán, 2018; García Román y Mindek Jagic, 2021; Donoso, Vila y Rubio, 2021).

En esta línea, el *European Institute for Gender Equality* (EIGE) señala que los actos de ciberviolencia de género pueden: a) iniciarse de forma online y continuar de forma offline; b) iniciarse de forma offline y continuar de forma online; c) ser perpetrados por una persona desconocida para la víctima; d) ser cometidos por una persona conocida, incluyendo la pareja o expareja de la víctima (EIGE, 2022).

Entre las características distintivas de la ciberviolencia de género se encuentran: a) el anonimato que proporcionan las TIC y la percepción de impunidad; b) la replicabilidad y capacidad de propagación, que permite la multiplicación de agresores o la viralización de contenidos; c) la transnacionalidad y el alcance global, que diluyen las fronteras estatales; d) la permanencia y accesibilidad indefinida del contenido difundido; e) la dificultad para el olvido y la eliminación de contenidos digitales; f) la posibilidad de reiteración constante, las 24 horas del día, los 7 días de la semana, durante todo el año; g) la tendencia a minimizar el daño que estas agresiones producen en las víctimas[18].

Las consecuencias de la ciberviolencia de género son múltiples y de gran impacto. Las mujeres y niñas que la sufren pueden experimentar daños psicológicos, físicos, sexuales, emocionales, económicos, laborales, familiares y sociales (ONU Consejo de Derechos Humanos, 2018). En este sentido, un estudio de Amnesty International (2018) realizado en ocho países reveló que: el 55 % de las mujeres que sufrieron acoso

---

18 Algunas de estas características las mencionan diferentes autoras: Verdejo, 2015; Donoso-Vázquez, 2018; Igareda, Pascale, Cruells y Paz, 2019; De la Torre Sierra, 2021; García Román y Mendik Jagic, 2021.

en redes sociales reportaron dificultades de concentración en sus actividades cotidianas; el 54 % experimentó ataques de pánico, ansiedad o estrés; el 41 % sintió que su seguridad física estaba amenazada.

Además, se ha documentado que: «Las mujeres afectadas a menudo se responsabilizan a sí mismas por acciones que pudieran haber causado la violencia y se retiran de los espacios digitales, se autocensuran o se aíslan socialmente» (Citron, 2014).

A ello se suma la frecuente revictimización por parte de familiares, autoridades y medios de comunicación, quienes tienden a responsabilizar a las víctimas por no haberse protegido adecuadamente, en lugar de centrar la atención en la conducta ilícita de los agresores. Esta actitud contribuye a la normalización y minimización de la violencia digital: «las víctimas son revictimizadas por familiares, autoridades y medios de comunicación, que con frecuencia les atribuyen la responsabilidad de protegerse, en vez de recalcar la conducta ilícita de los agresores, y de esta forma normalizan y minimizan esta violencia» (ONU Consejo de Derechos Humanos, 2018, párr. 25).

Bibliografía

ADVISORY COMMITTEE ON EQUAL OPPORTUNITIES FOR WOMEN AND MEN (2020). *Opinion on combatting online violence against women*.

AMNESTY INTERNACIONAL (2018). *#Toxic Twitter: Violence and Abuse against Women Online*. Amnesty Internacional.

ARÁNGUEZ SÁNCHEZ, T. Y OLARIU, O. (2021). *Feminismo digital. Violencia contra las mujeres y brecha sexista en internet*. Dykinson

ASOCIACIÓN MUJERES JURISTAS THEMIS (2025). *Violencia contra mujeres, niñas, niños y adolescentes en el ámbito digital*. Ministerio de Igualdad. Disponible en: https://www.juventudeinfancia.gob.es/sites/default/files/infancia/violencia/documentacion-de-interes/Violencia_mujeres-ninas-ninos-y-adolescentes_ambito-digital.pdf

BACKE, E. L., LILLLESTON, P. & MCCLEARY-SILLS, J. (2018). «Networked Individuals, Gendered Violence: A Literature Review of Cyberviolence». *Violence and Gender*, 5(3), 135-146. Disponible en: http://doi.org/10.1089/vio.2017.0056

BARCONS CAMPMAJÓ, M. (2024). «La ciberviolencia de género: un nuevo ámbito de violencia contra las mujeres y las niñas». En Carla ROMERO ÁLVAREZ (coord.), *Retos actuales de la filosofía del derecho: especial atención a la inteligencia artificial* (pp. 145-158). Dykinson.

CITRON, D. K., (2014). *Hate Crimes in Cyberspace*. Harvard University Press.

CONSEJO DE EUROPA (2018). *Mapping study on cyberviolence with recommendations adopted by the T-CY on 9 July 2018*. Disponible en: https://rm.coe.int/t-cy-2017-10-cbg-study-provisional/16808c4914

Consejo de Europa (2021). *Proteger a las mujeres y niñas de la violencia en la era digital. La relevancia del Convenio de Estambul y del Convenio de Budapest sobre la Ciberdelincuencia para luchar contra la violencia contra las mujeres en línea y facilitada por la tecnología.*

CUELLAR, L. Y CHAHER, S. (2020). *Ser periodista en Twitter: Violencia de género digital en América Latina*. Comunicación para la Igualdad Ediciones.

DELEGACIÓN DEL GOBIERNO CONTRA LA VIOLENCIA DE GENERO (2020). *Macroencuesta de Violencia contra la Mujer 2019.*

DEPARTAMENTO DE INTERIOR - GENERALITAT DE CATALUNYA (2021). *Enquesta sobre les violències masclistes a Catalunya 2021.*

DONOSO-VÁZQUEZ, T. (2018). «Las ciberviolencias de género, nuevas manifestaciones de la violencia machista», en DONOSO-VÁZQUEZ, Trinidad y REBOLLO-CATALÁN, Ángeles (Coord.). *Violencia de género en entornos virtuales* (pp.15-29). Octaedro.

DONOSO-VÁZQUEZ, T. Y REBOLLO-CATALÁN, Á. (2018). *Violencia de género en entornos virtuales*. Octaedro.

DONOSO-VÁZQUEZ, T., VILA, R., Y RUBIO, M. J. (2021). «Factors related to gender cyber-victimization in social networks among Spanish Youth». *Civilizar 21*(40), 83-100. Disponible en: https://doi.org/10.22518/jour.ccsh/2021.1a07

EUROPEAN INSTITUTE FOR GENDER EQUALITY (2022). *Combating Cyber Violence against Women and Girls*. Publications Office of the European Union.

FERNÁNDEZ GÓMEZ, L., LLORIA GARCÍA, P., VENTURA ALAMEDA, C., & YELA UCEDA, M. (2025). «Violencia contra mujeres, niñas, niños y adolescentes en el ámbito digital». *Asociación Mujeres Juristas Themis*. Ministerio de Igualdad. Disponible en: https://www.juventudeinfancia.gob.es/sites/default/files/infancia/violencia/documentacion-de-interes/Violencia_mujeres-ninas-ninos-y-adolescentes_ambito-digital.pdf

GARCÍA COLLANTES, Á. Y GARRIDO ANTÓN, M. J. (2021). *Violencia y Ciberviolencia de Género*. Tirant lo Blanch.

GARCÍA ROMÁN, M. Y MINDEK JAGIC, D. (2021). «Ciberviolencia de género en redes sociales. Sus tipos, trampas y mensajes ocultos». *Revista Controversias y Concurrencias Latinoamericanas 12*(22), 333-349.

GRUPO DE EXPERTOS EN ACCIONES CONTRA LA VIOLENCIA CONTRA LAS MUJERES Y LA VIOLENCIA DOMÉSTICA – GREVIO (2021). *Recomendación N.° 1 sobre la dimensión digital de la violencia contra las mujeres*.

LOMBA, N., NAVARRA, C. & FERNANDES, M. (2021). *Combating gender-based violence: Cyberviolence*. European Parliamentary Research Service.

LLORIA GARCÍA, P. (2022a). La LO 8/2021, de 4 de junio, de protección integral a la infancia y la adolescencia frente a la violencia y la transformación del Código Penal. Algunas consideraciones, *Igualdad. ES*, n.° 6, pp. 271-298.

Lloria García, P. (2022b, 20 de junio). Por qué la difusión de imágenes sexuales en plataformas online sin el consentimiento de las personas que aparecen en ellas es delito *Maldita.es*, 20 de junio de 2022. Disponible en: https://maldita.es/malditatecnologia/20220620/difusion-imagenes-sexuales-plataformas-online-delito/

Observatorio Nacional de Tecnología y Sociedad – ONTSI (2022). *Violencia digital de género: una realidad invisible* [Policy Brief]. Red.es. Disponible en: https://www.ontsi.es/sites/ontsi/files/2022-07/_violenciadigitalgenero_unarealidadinvisible_2022.pdf

ONU Mujeres (2020). Violencia contra mujeres y niñas en el espacio digital: Lo que es virtual también es real. Disponible en: https://mexico.unwomen.org/sites/default/files/Field%20Office%20Mexico/Documentos/Publicaciones/2020/Diciembre%202020/FactSheet%20Violencia%20digital.pdf

ONU Consejo de Derechos Humanos (2018): «Informe de la Relatora Especial sobre la violencia contra la mujer, sus causas y consecuencias acerca de la violencia en línea contra las mujeres y las niñas desde la perspectiva de los derechos humanos», A/HRC/38/47, Asamblea General de Naciones Unidas. Consejo de Derechos Humanos 38.º período de sesiones.

Pérez Vallejo, A. M. (2019). «Ciberacoso sexualizado y ciberviolencia de género en adolescentes. Nuevo marco regulador para un abordaje integral», *Revista de Derecho, Empresa y Sociedad* (14), 42-58.

Queralt Jiménez, A. (2023). «Desinformación por razón de sexo y redes sociales», *International Journal of Constitutional Law*, v. 21, n.º 5, pp. 1589-1619.

Verdejo, M. A. (2015). *Ciberacoso y violencia de género en redes sociales: análisis y herramientas de prevención*. Universidad Internacional de Andalucía.

Vergés, Núria; Alfama, Eva; Cruells, Eva (2022). Violències masclistes digitals: implicacions del seu abordatge en el marc dels circuits de violència masclista, *Revista IDEES*, (59), 1-9.

VILLAR, M.; MÉNDEZ-LOIS, M. J. Y BARREIRO, F. (2021). «Violencia de género en entornos virtuales: una aproximación a la realidad adolescente», *Electronic Journal of Research in Educational Psychology, 19*(55), 509-532.

VILLEGAS SIMÓN, I. Y NAVARRO, C. (2021). «Influencers digitales y el feminismo: del activismo al self-branding», en *Los Derechos de la Mujeres en la era de Internet*. Universidad de Granada.

CAPÍTULO X

LA TRATA DE SERES HUMANOS: DESAFÍOS CON IMPACTO DE GÉNERO

Tania García Sedano

*Jurista, Doctora en Derecho, ex Presidenta de la
Asociación Pro Derechos Humanos de España*

1. Introducción

La trata de seres humanos es, en gran medida, consecuencia de unas relaciones económicas desequilibradas a nivel internacional[1]. Por tanto, para este fenómeno es ineludible abordar las causas estructurales y sistémicas de la pobreza y la desigualdad, de la discriminación de género e interseccional que aumentan la vulnerabilidad de las personas frente a la esclavitud y la explotación laboral[2].

---

1   PARLAMENTO EUROPEO. Resolución sobre la trata de personas del Parlamento Europeo, Diario Oficial n.° C 32 de 5 de febrero de 1996 p. 88, apartado B: «*Considerando que la trata de personas es en gran medida, la consecuencia de unas relaciones económicas desequilibradas a nivel internacional y que este problema afecta tanto a la política de desarrollo como a la de cooperación internacional con los países en desarrollo y los países de la Europa Central y Oriental*».

2   BHOOLA, U. *Informe de la Relatora Especial sobre las formas contemporáneas de la esclavitud, incluidas sus causas y consecuencias.*

La trata de personas, especialmente mujeres y niños, es una violación flagrante de los derechos humanos. También es un delito lucrativo que genera 150.200 millones de dólares al año en beneficios ilegales.

Las corrientes de la trata de personas evolucionan siguiendo de cerca los cambios socioeconómicos y los tratantes adaptan su modus operandi en consecuencia.

Desde el Informe del Defensor del Pueblo correspondiente al año 2012 la trata de seres humanos ha sido categorizada como un fenómeno invisible, sin embargo, no puede obviarse que además de ser invisible es invisibilizado. Ninguna estrategia será eficaz si prescindimos de las connivencias que el sistema mantiene con este fenómeno.

2. Evolución normativa

La trata de seres humanos está proscrita explícitamente en el artículo 4 de la Declaración Universal de Derechos Humanos «Nadie estará sometido a esclavitud ni a servidumbre, la esclavitud y la trata de esclavos están prohibidas en todas sus formas».

El primer instrumento, hasta mediados del siglo XX, en abordar la trata de seres humanos fue el Convenio para la represión de la trata de personas y de la explotación de la prostitución ajena, firmado en *Lake Success*. Este Convenio aborda la trata de seres humanos y la prostitución siguiendo la corriente abolicionista internacional, sin que ambos fenómenos fuesen ni sean equiparables, pese a algunos intentos de asimilación que inducen a grave confusión.

Por su parte, el Convenio Europeo de Derechos Humanos no prohíbe la trata de seres humanos explícitamente, aunque la jurisprudencia del Tribunal Europeo de Derechos Humanos ha establecido que esta puede concluirse de lo preceptuado en el artículo 4.

2014. Documento n.º A/HRC/27/53. Párrafo 26. COMISION DE DERECHOS HUMANOS, Subcomisión de Prevención de Discriminaciones y Protección a las Minorías. *Informe del Grupo de Trabajo sobre las Formas Contemporáneas de la Esclavitud acerca de su 20.º período de sesiones*. Documento E/CN.4/Sub.2/1995/28/Add.1. Párrafo 18.

La Convención para la Eliminación de todas las formas de discriminación contra la mujer en su artículo 6 establece que los Estados parte de la convención: «tomarán todas las medidas apropiadas, incluso de carácter legislativo, para suprimir todas las formas de trata de mujeres y explotación de la prostitución contra la mujer».

La Convención de Naciones Unidas contra la Delincuencia Organizada Transnacional en su Protocolo para Prevenir, Reprimir y Sancionar la Trata de Personas, Especialmente Mujeres y Niños proporciona la definición más universalmente aceptada en su artículo 3; se trata de uno de los instrumentos internacionales de más amplia ratificación porque se adopta centrándose en su vinculación con la criminalidad organizada transnacional.

Con posterioridad, en el ámbito del Consejo de Europa se adoptó el Convenio sobre la lucha contra la trata de seres humanos que junto con la jurisprudencia del Tribunal Europeo de Derechos Humanos y los informes del Grupo de Expertos en Trata de Seres Humanos (GRETA), integran el acervo más relevante a nivel regional.

Por su parte, la Unión Europea ha aprobado recientemente la Directiva (UE) 2024/1712 del Parlamento Europeo y del Consejo, de 13 de junio de 2024, por la que se modifica la Directiva 2011/36/UE relativa a la prevención y lucha contra la trata de seres humanos y a la protección de las víctimas.

Esta Directiva debe ser objeto de trasposición por nuestro país. En ese sentido, amplia el catálogo de finalidades de explotación incluyendo la gestación subrogada y la adopción ilegal y simultáneamente crea una gobernanza institucional, con la que pretende monitorizar los principales factores causales y coordinar la respuesta supranacional, e implementa modificaciones en el sistema de protección.

3. Prevención, persecución y protección

3.1. Introducción

El principio de diligencia debida constituye el mínimo que debe regir la actuación del Estado, pues exige que se adopten medidas para abordar factores sistémicos que coadyuvan al fenómeno que nos ocupa: la demanda, la pobreza, la desigualdad, restrictivas políticas migratorias, etc., medidas encaminadas a prevenir la trata de seres humanos, investigar y enjuiciar a los tratantes, identificar a las víctimas, prestar asistencia y protección a las víctimas y proporcionar vías de recurso.

Por tanto, la aplicación del principio de diligencia debida en la lucha contra la trata de seres humanos constituye un eje fundamental, tanto para la consecución un enfoque integral e integrado de la tutela de todos los derechos de aquéllas que han sido identificadas como víctimas de la trata como de las personas que potencialmente pueden llegar a ser víctimas de este delito.

De este modo, los Estados devienen responsables por su fracaso en la prevención, detección, identificación, investigación, procesamiento o indemnización por la comisión de un hecho ilícito. En ese sentido, las condenas del Tribunal Europeo de Derechos Humanos dan muestra de cómo el principio de diligencia debida empapa las obligaciones estatales.

La aprobación de una ley integral contra la trata de seres humanos ha sido una reivindicación, que podríamos calificar como histórica, tanto de la Red Española contra la trata como de otros agentes sociales. En el año 2024 se aprobó el anteproyecto de Ley Orgánica integral contra la trata y la explotación de seres humanos sin que a la fecha se haya incoado su tramitación.

Ciertamente, la adopción de una ley integral es una opción objeto de valoración conforme a distintos criterios, entre los cuales está el de oportunidad política. Ahora bien, lo que resulta ineludible es el cumplimiento de compromisos que tanto internacional como regional y supranacionalmente han sido adoptados por nuestro país. En ese sentido, sea cual sea la forma que finalmente se adopte, es imprescindible la adopción de una legislación y una política nacional tendente a abordar la complejidad de este fenómeno con perspectiva de género, interseccional, de derechos humanos, así como de infancia y adolescencia.

3.2. La prevención

a) La prevención institucional

El Grupo de Expertos contra la Trata de Seres Humanos del Consejo de Europa, en adelante GRETA, ha cuestionado la estructura institucional vigente en nuestro país[3]. Así como que se centre fundamentalmente en la trata con fines de explotación sexual, careciendo de un enfoque integral sobre el fenómeno[4].

Por Resolución del Secretario de Estado de Seguridad, de fecha 3 de abril de 2014, se produjo la designación formal de la Dirección de Gabinete de la Secretaría de Estado de Seguridad, como Ponente Nacional sobre la Trata de Seres Humanos, y según la resolución su nombramiento era conforme con lo previsto en el artículo 19 de la Directiva 2011/36/UE del Parlamento Europeo y del Consejo, de 5 de abril, relativa a la prevención y lucha contra la trata de seres humanos y a la protección de las víctimas.

Por otro lado, se nombró un Punto focal contra la trata de seres humanos vinculando su designación con el Centro de Inteligencia contra el Terrorismo y el Crimen Organizado, CITCO, para apoyar el Ponente Nacional en la ejecución de sus funciones.

El Ponente Nacional no es un organismo independiente del Gobierno español y no tiene definido ni su cometido ni sus funciones, así mismo carece de dotación presupuestaria.

En el contexto de la Unión Europea, recientemente la Comisión Europea ha puesto en marcha el centro de lucha contra la trata de seres humanos.

---

3   GRETA. Council of Europe. Report concerning the implementation of the Council of Europe Convention on Action against Trafficking in Human Beings by Spain. Adopted 23 March 2018 Published 20 June 2018. Párrafo 35.

4   GRETA. Council of Europe. Report concerning the implementation of the Council of Europe Convention on Action against Trafficking in Human Beings by Spain. Adopted 23 March 2018 Published 20 June 2018. Párrafo 34.

b) La prevención material

La prevención es esencial para poner fin a la trata de seres humanos pues evita que se perpetúe y pone fin a la tolerancia social que subyace a la demanda que le motiva.

El Protocolo de Palermo establece la obligación de adoptar medidas destinadas a la prevención, artículo 9, haciendo mención a la necesidad de desalentar la demanda, párrafo 5 artículo 9. Por su parte, el Convenio de Varsovia en su artículo 5 párrafo 2 no sólo establece la obligación de prevenir si no que da ejemplos de lo que supone esta conducta, mencionando expresamente: «investigaciones; campañas de información, sensibilización y educación; iniciativas sociales y económicas y programas de formación».

En nuestro país se han adoptado dos planes de lucha contra la trata de seres humanos[5], carentes de vigencia a la fecha de esta contribución, si bien su ámbito se circunscribe exclusivamente a la finalidad de explotación sexual siempre que tenga como víctimas a mujeres y niñas[6], que contenían referencias a la implementación de medidas de sensibilización, prevención y de educación y formación[7].

---

5   Plan 2009- 2012 y 2015-2018. Consideramos que es subrayable que el segundo plan ha sido prorrogado en su vigencia ante la imposibilidad/incapacidad de adoptar otro. Vinculado con el primer Plan se constituyó el Foro Social contra la Trata que tiene la finalidad de favorecer el intercambio de información y puntos de vista entre organizaciones especializadas en la atención a víctimas de trata con fines de explotación sexual y administraciones con competencias en la materia (Ministerios, Comunidades Autónomas y ámbito local), al objeto de mejorar la colaboración entre todos los actores implicados con un enfoque de promoción y protección de los derechos humanos.

6   Cuarto Informe General (correspondiente al período comprendido entre agosto de 2013 y 30 de septiembre de 2014) del GRETA informó en el sentido siguiente: «GRETA ha constatado que algunos países se centran casi en exclusiva en la trata de seres humanos para fines de explotación sexual y no realizan lo suficiente para adoptar medidas de prevención de la trata para otros fines. Por ejemplo, GRETA ha instado a las autoridades españolas para que adopten las medidas necesarias para concienciar acerca de la trata para fines de explotación laboral, a través de actividades informativas y educativas relativas a la trata de seres humanos, incluida la de niños».

7   Subrayar que está vigente el Plan Camino para dar alternativas económicas, laborales y sociales a las víctimas de trata y explotación sexual.

Consideramos que ambos planes no dan cumplimiento a las obligaciones internacionalmente asumidas por nuestro país y ello por varias razones. En primer lugar, por su pérdida de vigencia. En segundo, se trata de planes inconexos entre sí que no se integran dentro de una estrategia de prevención dentro de la que puedan adquirir verdadero sentido y una potencial eficacia preventiva[8].

A la sazón, no se establece un mecanismo de seguimiento, evaluación y conclusión de los mismos. Entendemos que es imprescindible una mayor voluntad política que se materialice en la adopción de una estrategia dentro de la que se incardinen los distintos planes, que pueden tener carácter plurianual, con sistemas de seguimiento, evaluación y conclusión que permitan el diseño, ejecución y evaluación de las políticas públicas adoptadas en materia de trata de seres humanos, desde la perspectiva de todas las finalidades, y en concreto en la prevención de este fenómeno[9].

Todo ello sin obviar el necesario ensamblaje con la estrategia nacional contra el crimen organizado y ello por el carácter bicéfalo del fenómeno al constituir un delito muy grave y una flagrante violación de derechos humanos.

---

8   Evaluación del Plan integral de lucha contra la trata de mujeres y niñas con fines de explotación sexual 2015-2018. Realizada por NO GAPS PROJECT SL para la Secretaría de Estado de Igualdad y contra la violencia de género. OFICINA DEL ALTO COMISIONADO PARA LOS DERECHOS HUMANOS Principios y Directrices recomendados sobre los derechos humanos y la trata de personas, adición al informe del Alto Comisionado de las Naciones Unidas para los Derechos Humanos. Documento: E/2002/68/Add.1. La Directriz 1: «Establecer planes nacionales de acción para poner término a la trata de personas. Este proceso debería aprovecharse para instituir vínculos y alianzas entre las instituciones de gobierno que participen en la lucha contra la trata de personas o la prestación de asistencia a las víctimas de ella y los sectores que corresponda de la sociedad civil».

9   GRETA. Council of Europe. Report concerning the implementation of the Council of Europe Convention on Action against Trafficking in Human Beings by Spain. Adopted 23 March 2018 Published 20 June 2018. Párrafo 45.

3.3. La persecución del delito

La persecución del delito se articula en torno a la tipificación del mismo en el artículo 177 bis del Código Penal (en adelante, CP) único precepto que integra el Título VII bis del CP.

Así, el delito de trata es un delito complejo vertebrado sobre la presencia de medios comisivos como son la violencia, intimidación, engaño, abuso de una situación de superioridad, vulnerabilidad o necesidad de la víctima o mediante la entrega o recepción de pagos o beneficios para lograr el consentimiento de la persona que poseyera el control sobre la víctima, junto con una conducta consistente en la captación, transporte, traslado, acogida, o recepción, incluido el intercambio o transferencia de control sobre esas personas, con finalidad de explotación.

En este punto, merece precisarse que la trata de seres humanos no precisa que se perfeccione la finalidad de explotación. Es decir, que ésta opera como una finalidad del delito de trata.

Pese a ello, el Código Penal no ha incluido la regulación de ninguna de las figuras jurídicas incluidas en el párrafo a) del apartado 1 del artículo 177 bis lo que produce un vacío legal inaceptable. En palabras de la Fiscalía General del Estado[10]: «no se puede ser víctima de un delito de esclavitud, de servidumbre o de trabajo forzoso tal como exige el derecho internacional».

Así, las concretas formas de explotación tipificadas en el epígrafe a) del párrafo 1 del artículo 177 *bis* deberían estar recogidas por su especial gravedad, en respectivos delitos autónomos dentro del propio Código[11]. En todo caso, también habrán de tipificarse, de conformidad con la Directiva 2024 sobre trata, las finalidades de gestación subrogada y adopción ilegal.

---

10 FISCALÍA GENERAL DEL ESTADO. Memoria correspondiente 2018. Madrid, 2018. p.1564.

11 NACIONES UNIDAS. CONSEJO DE DERECHOS HUMANOS. Relatora Especial sobre las formas contemporáneas de la esclavitud. 2013. Documento: A/HRC/24/L.3.» *Destacando la importancia de tipificar como delito todas las formas de la esclavitud en la legislación nacional».*

Esta opción resultará coherente con el párrafo 9 del artículo 177 *bis*[12] que establece una regla concursal, se demanda una respuesta penal específica a las intolerables modalidades de cosificación laboral que se prevén como el destino de las víctimas de trata, pues, de lo contrario, el tratamiento penal de las conductas de explotación tendrá menor relieve que el propio reclutamiento o desplazamiento de personas orientados a ese fin.

3.4. La protección de las víctimas

Como consecuencia de la trasposición a nuestro ordenamiento jurídico de la Directiva 2011/36/UE el Legislador español ha establecido dos pasos sucesivos e imprescindibles para que se produzca la consideración de una persona como víctima de trata, estos son, por un lado, la detección y por otro, la identificación de la misma.

De este modo, con arreglo a la definición que figura en la Directiva 2011/36/UE, el concepto víctima identificada refiere a una persona que ha sido formalmente identificada por las autoridades pertinentes como víctima de trata de seres humanos.

Para que una persona que ha sufrido el delito de trata, una vez detectada, sea considerada víctima del delito de trata es preciso que sea identificado como tal por las Fuerzas y Cuerpos de Seguridad del Estado[13].

La Fiscalía General del Estado en su Memoria del año 2019, a propósito del análisis de las diligencias de seguimiento,

---

12   *«En todo caso, las penas previstas en este artículo se impondrán sin perjuicio de las que correspondan, en su caso, por el delito del artículo 318 bis de este Código y demás delitos efectivamente cometidos, incluidos los constitutivos de la correspondiente explotación».*

13   No obstante, la Resolución de 7 de julio de 2022, de la Secretaría de Estado de Igualdad y contra la Violencia de Género, por la que se publica el Acuerdo de la Conferencia Sectorial de Igualdad de 27 de mayo de 2022, relativo a la acreditación administrativa de la condición de víctima de trata de seres humanos y/o explotación sexual, BOE núm. 167 (2022), que establece el procedimiento de emisión de la acreditación, en el ámbito administrativo de las situaciones de trata con fines de explotación sexual y trata mixta.

señalaba la posibilidad de que hubiera víctimas; «aquellas que por los indicadores o indicios objetivos concurrentes no es posible dudar racionalmente de su condición de víctima» y «aquellas víctimas en las que concurre algún indicador o signo de trata aislado de notoria gravedad que exigen una labor de investigación rigurosa dentro del ámbito de un proceso penal».

En nuestro país, con carácter general, la realización de la entrevista para la identificación de la víctima corresponde al personal de las Fuerzas y Cuerpos de Seguridad. En función de la distribución competencial existente en nuestro país, dependerá de la Comunidad Autónoma que puedan estar presentes o no organizaciones y entidades con experiencia acreditada en asistir a las víctimas de trata de personas durante todo el proceso de identificación y ello pese a que el Estatuto de las Víctimas establece que podrán estar siempre acompañadas en todo el proceso.

Al finalizar la entrevista (aunque la normativa supraestatal sienta que ésta deberá existir desde el momento de su detección) se informará a la víctima de su derecho a la asistencia jurídica gratuita, según los criterios establecidos en la normativa reguladora de este derecho, con el fin de que le sea designado un/a abogado/a especializado. También se le informará de la posibilidad de contactar con las organizaciones y entidades con experiencia acreditada en la asistencia a víctimas de trata para que la asistan y/o acompañen.

Finalizada la instrucción del procedimiento de identificación, de conformidad con el artículo 142 del Reglamento, la unidad policial de especializada elevará en el plazo máximo de 48 horas la correspondiente propuesta favorable o desfavorable al reconocimiento de la condición de víctima de trata de seres humanos a la Delegación o Subdelegación de Gobierno en la provincia donde se hubiera realizado la identificación. La propuesta será favorable cuando estime que existen motivos razonables para creer que la persona es víctima potencial de trata y en tal caso, incluirá la duración del período de reflexión.

La autoridad policial es la responsable de la identificación y por ello viene obligada a elaborar un atestado y a remitir copia de este último tanto al Ministerio Fiscal como al órgano judicial competente para la instrucción. En el atestado cuando la víctima es extranjera en situación administrativa irregular debe necesariamente incluir las diligencias practicadas al amparo del artículo 59 de la Ley de Extranjería, reflejando si ha elevado o no propuesta de concesión del período de restablecimiento y reflexión a la competente Delegación o Subdelegación de Gobierno y de qué tipo.

En ese sentido, nada obsta a que el Ministerio Fiscal a la luz del atestado no coincida en la valoración realizada de los indicios por la autoridad policial correspondiente. En esos supuestos, el Ministerio Público tiene la posibilidad de remitir un informe en sentido contrario determinando la concesión, de forma automática, del correspondiente período. Si la Delegación o Subdelegación competente acaba denegando el período de restablecimiento y reflexión, la resolución que habrá de ser motivada ex artículo 59 párrafo 3 de la Ley de Extranjería podrá ser recurrida de conformidad con la Ley 39/2015, de 1 de octubre, del Procedimiento Administrativo Común de las Administraciones Públicas.

En aquéllos supuestos en que, concluida la fase de identificación, la autoridad policial que la hubiera llevado a cabo hubiera considerado que no existen motivos razonables para entender que la extranjera es víctima de trata de seres humanos deberá hacerlo constar en el informe motivado.

Una vez que la presunta víctima haya sido identificada como víctima del delito de trata, la protección otorgada por la Ley de Extranjería se extiende tanto a ella como a las personas con las que mantenga vínculos familiares.

Pese al tenor literal del artículo 59 bis de la Ley de Extranjería 4/2000, el Tribunal Supremo al interpretar el artículo 59 bis de la Ley 4/2000 ha declarado que: «pese a la utilización del término "podrá", no está otorgando propiamente a la Administración una facultad discrecional para eximir de responsabilidad administrativa al extranjero que ha entrado irregularmente en España, sino que el beneficio debe otorgarse cuando concurre la circunstancia excepcional de una colaboración eficaz con la policía como la que contempla el precepto ("proporcionando datos esenciales o testificando, en su caso, en el proceso correspondiente")».

Es cierto, sin duda, que la concesión del beneficio requiere una apreciación de hecho sobre si se ha producido tal colaboración eficaz con la autoridad policial y que dicho juicio corresponde a los funcionares policiales que habrán de hacer la propuesta, sin perjuicio de la eventual revisión jurisdiccional de la decisión que se adopte.

En ese sentido, el Tribunal Supremo ha declarado que la concesión del período de restablecimiento y reflexión no constituye un derecho subjetivo pues la colaboración prestada es un elemento esencial para apreciar la concurrencia o no de las circunstancias excepcionales a las que se refiere la ley.

Esa opción se toma en contra de lo establecido por la Comisión Europea que ha acentuado la necesidad de ofrecer ayuda a todas las víctimas y de no limitarla a aquellas mujeres que estén dispuestas a presentar una denuncia formal contra un traficante o a aquellas que se considera tienen mayor posibilidad de provocar una condena.

En relación con la duración del período de restablecimiento y reflexión, el artículo 59 bis establece que la duración, al menos, será de noventa días. En ningún caso, a la fecha, se ha autorizado el establecimiento de un período de restablecimiento y reflexión de mayor duración y ello pese a que el Legislador otorga pautas hermenéuticas tendentes a individualizar su duración. El motivo que subyace es una aplicación automática del plazo establecido por el período de restablecimiento sin una individualización y valoración de las circunstancias concretas de la víctima.

Una vez identificada una víctima de trata de seres humanos, la UCRIF, elevará la propuesta, previa conformidad de la víctima, para la concesión de un periodo de restablecimiento y reflexión al Delegado o Subdelegado de Gobierno competente, por razón del territorio, en el plazo de 48 horas.

La propuesta será favorable cuando estime que existen motivos razonables para creer que el extranjero es víctima potencial de trata de seres humanos y, en tal caso, incluirá la duración del periodo de reflexión.

El Delegado o Subdelegado competente resolverá sobre la propuesta de concesión del periodo de restablecimiento y reflexión y sobre su duración en el plazo máximo de cinco días, transcurrido el cual el periodo se entenderá concedido por la duración reseñada en la propuesta. No obstante, si en el momento de elevarse a la Delegación o Subdelegación de Gobierno la propuesta favorable la víctima se encontrara ingresada en un Centro de Internamiento de Extranjeros, la resolución deberá realizarse en el plazo de veinticuatro horas.

La resolución sobre el periodo de restablecimiento y reflexión será notificada a la persona interesada, de manera inmediata y por el medio más rápido, por la Delegación o Subdelegación del Gobierno, directamente o a través de la autoridad policial que hubiera realizado la propuesta de concesión, a la que en cualquier caso se dará conocimiento de la resolución. Si dicha autoridad policial no fuera la misma que inició la investigación, la resolución será igualmente comunicada a esta última, así como a la que tenga a la víctima bajo su custodia.

El período de restablecimiento y reflexión podrá denegarse o ser revocado por motivos de orden público o cuando se tenga conocimiento de que la condición de víctima se ha invocado de forma indebida. La denegación o revocación deberán estar motivadas y podrán ser recurridas según lo establecido en la Ley de Régimen Jurídico de las Administraciones Públicas y del Procedimiento Administrativo Común.

En el supuesto de que la víctima identificada se encuentre en situación irregular en nuestro país, lo que ocurre en la mayoría de los casos, la protección, tras el período de restablecimiento y reflexión, se condiciona a la colaboración con las autoridades.

Ello trae causa de la trasposición de la Directiva 2004/81/CE que prevé la concesión de un permiso de residencia temporal a las víctimas de trata que tengan la voluntad de cooperar en las investigaciones policiales y/o juicio contra los responsables contra la trata.

La cuestión fundamental radica en qué deberá entenderse por colaboración con las autoridades. En ese sentido, es destacable el amplio margen de discrecionalidad del que dispone la Administración para la determinar si ésta se ha producido o no. La colaboración, ha señalado la jurisprudencia, que: «comprenderá desde la denuncia a los autores, pasando por la colaboración con la autoridad competente, proporcionando datos esenciales, hasta la prestación de declaración testifical en el proceso judicial correspondiente. No obstante, la denuncia de la víctima no es suficiente si ésta se produce como resultado de unas investigaciones policiales previas, siendo necesario que consten datos esenciales que faciliten la averiguación de los hechos y la identificación de sus autores».

Por tanto, pareciera que se deposita en las fuerzas y cuerpos de seguridad del Estado la potestad de determinar si la colaboración es suficiente como para que se aplique el régimen establecido legalmente. No puede legitimarse esa situación, carece de perspectiva de derechos humanos y no se adecúa a la normativa internacional y regional vigente en esta materia.

Esta situación se mantiene pese a contravenir las precitadas normas internacionales y regionales, el GRETA ha explicitado que supone un trato discriminatorio de las víctimas de trata frente a otras víctimas[14] así como al incuestionable el fracaso de los enfoques centrados en dar prioridad al enjuiciamiento y la condena de los sospechosos que al apoyo a las víctimas y supervivientes.

3.5. La reparación de las víctimas

De conformidad con el artículo 6 párrafo 6 del Protocolo para prevenir, reprimir y sancionar la trata de personas, especialmente mujeres y niños, estamos ante una obligación estatal integrada por la adopción de medidas que brinden a

---

14 GRETA. Council of Europe. Report concerning the implementation of the Council of Europe Convention on Action against Trafficking in Human Beings by Spain. Adopted 2023 Published 2024.

las víctimas de la trata de personas la posibilidad de obtener indemnización por los daños sufridos. La Declaración sobre los principios fundamentales de justicia para las víctimas de delitos y del abuso del poder, adoptada por la Asamblea General en su resolución 40/34, de 29 de noviembre de 1985 se establece la relevancia de que se implementen mecanismos judiciales y administrativos que permitan a las víctimas obtener reparación mediante procedimientos oficiales u oficiosos que sean ágiles, justos, poco costosos y accesibles.

Reparar significa devolver a la víctima a la situación anterior, siempre que sea posible, incluyendo el restablecimiento de la libertad, disfrute de derechos humanos, la identidad, la vida familiar, la ciudadanía, el regreso a su lugar de residencia, la reintegración en su empleo y la devolución de sus bienes; una indemnización apropiada y proporcional a la gravedad de la violación y a las circunstancias de cada caso por todos los perjuicios económicamente evaluables, tales como: daño físico o mental; pérdida de oportunidades, en particular las de empleo, educación y prestaciones sociales; daños materiales y la pérdida de ingresos, incluido el lucro cesante y; los perjuicios morales[15].

Nuestro CP establece modalidades específicas de reparación para determinados delitos por ejemplo en los delitos contra el medioambiente, en el delito de impago de pensiones alimenticias y sienta la publicación o divulgación de la sentencia condenatoria en delitos contra el honor.

No es posible dilucidar el parámetro que ha guiado al legislador en el establecimiento de modalidades concretas de reparación. Sorprende que en el caso que nos ocupa no se haya incorporado una previsión específica y ello por la gravedad de la entidad y la atención que este fenómeno recibe.

Por eso, una posibilidad idónea, en atención a la gravedad y entidad de la trata de seres humanos, sería la inclusión de

---

15   En este sentido, las Recomendaciones n.° 19 y 35 del Comité CEDAW y los Principios y directrices básicos sobre el derecho de las víctimas de violaciones manifiestas de las normas internacionales de derechos humanos y de violaciones graves del derecho internacional humanitario a interponer recursos y obtener reparaciones.

un párrafo 13 en el artículo 177 bis del CP que establezca la obligación de reparar a las víctimas de trata. La reparación, del mismo modo que la pena a imponer no sería renunciable.

4. Conclusiones

El rechazo a la trata de seres humanos suscita grandes consensos, por constituir una gravísima violación de prácticamente todos los derechos humanos, pero articula escaso concierto en su abordaje tanto en la prevención, como en la persecución, protección y reparación de las víctimas.

La conducta del estado español ha motivado numerosas condenas por parte del Tribunal Europeo de Derechos Humanos y los Informes del Greta no dejan espacio para la autosatisfacción.

Es imperativo adoptar un marco normativo acorde con los compromisos internacional, regional y supranacionalmente asumidos, no hay excusas que justifiquen la falta de voluntad política que se evidencia.

Bibliografía

GARCÍA SEDANO, T (2020). *El delito de trata de seres humanos: El artículo 177 bis del Código Penal*. Reus, Madrid.

GARCÍA SEDANO, T (2020). *La detección, identificación y protección de las víctimas de trata de seres humanos*. Reus, Madrid.

GARCÍA SEDANO, T (2021). *El trabajo forzoso, la esclavitud y sus prácticas análogas como finalidades del delito de trata de seres humanos*. Reus, Madrid.

GARCÍA SEDANO, T (2025). *La reparación de las víctimas de trata en Rodríguez Montañes Conversaciones sobre explotación y trata de seres humanos*. Tirant lo Blanch, Valencia.

CAPÍTULO XI

VIOLENCIA INSTITUCIONAL MACHISTA

Tania Sordo Ruz

Jurista especializada en derechos humanos de las mujeres. Doctora en Estudios Interdisciplinares de Género por la Universidad Autónoma de Madrid. Creadora de la iniciativa Colectiva 1600s

1. Introducción

Si bien la violencia institucional machista aún no se encuentra incluida en el marco normativo estatal que aborda la violencia de género o las violencias sexuales, la noción institucional de la violencia machista está cobrando cada vez más notoriedad en España. Esta manifestación de la violencia machista, que se encuentra estrechamente vinculada a la obligación de la diligencia debida, ha tenido un desarrollo normativo relevante en países de Latinoamérica, así como dentro de los marcos internacional y regionales de protección de los derechos humanos. De la misma manera, ha sido introducida en algunas leyes autonómicas. A partir de una perspectiva de género, derechos humanos e interseccional, en este artículo se aborda el contexto en el cual surge el término de violencia institucional machista (2.), su conceptualización (3.), la prevención, persecución y protección en estos casos (4.), así como los avances y retos frente a esta forma de violencia machista (5.).

2. Contexto

El término de violencia institucional surge sobre todo en países de Latinoamérica en el contexto de dictaduras, desapariciones y represión de Estado. Desde los feminismos, se incorporó el componente de género para hablar de violencias institucionales machistas, desarrollando cómo el Estado a través de sus agentes, instituciones e incluso leyes o políticas públicas, puede perpetrar o tolerar la violencia machista, ya sea por acción u omisión. Como ha indicado Encarna Bodelón, «la dimensión institucional de las violencias contra las mujeres es una de las novedades que la perspectiva feminista ha incorporado al análisis de dicho fenómeno» (Bodelón, 2014: 132). Por su parte, desde el enfoque interseccional, se ha hecho énfasis en cómo por la intersección e interacción de los distintos sistemas de opresión o ejes de desigualdad en cada contexto y caso, no todas las mujeres van a tener los mismos riesgos, impactos o vulneraciones a sus derechos humanos frente a la violencia institucional machista[1].

Aunque esta forma de violencia machista no se encuentra incorporada bajo el nombre de violencia institucional de género, violencia institucional por razón de género contra las mujeres, violencia institucional machista o violencia institucional contra las mujeres en los principales instrumentos internacionales o europeos, sí podemos localizarla a través de su definición. En el marco de Naciones Unidas, el «Estudio a fondo sobre todas las formas de violencia contra la mujer» del Secretario General de Naciones Unidas establece que un Estado puede cometer violencia contra las mujeres mediante sus leyes y políticas, así como que puede tolerar esta violencia al tener leyes inadecuadas o por una ineficaz aplicación de estas, lo cual asegura la impunidad (Naciones Unidas, 2006: párrafos 139-140). La *Declaración sobre la eliminación de la violencia contra la mujer* (1993) incluye en su artículo 2.c

---

[1] Ver: T. Sordo Ruz, (2024), *Los derechos humanos de las mujeres*, Didot, Argentina y T. Sordo Ruz, (2021), *Derechos humanos desde una perspectiva interseccional*, «La interseccionalidad en el derecho de las mujeres a una vida libre de violencias por razón de género y discriminación», Institut de Drets Humans de Catalunya, 90-101.

como violencia contra la mujer la violencia física, sexual y psicológica perpetrada o tolerada por el Estado, dondequiera que ocurra. También, en su artículo 4.c, la *Declaración* determina que los Estados deben proceder con debida diligencia para prevenir, investigar y, conforme a la legislación nacional, castigar todo acto de violencia contra la mujer, ya se trate de actos perpetrados por el Estado o por particulares.

La *Convención sobre la eliminación de todas las formas de discriminación contra la mujer* (CEDAW) de 1979, ratificada por el Estado español, estipula en su artículo 2.d que los Estados deben «abstenerse de incurrir en todo acto o práctica de discriminación contra la mujer y velar por que las autoridades e instituciones públicas actúen de conformidad con esta obligación». Tomando en cuenta que la CEDAW es un instrumento dinámico y «vivo» que se va adaptando a la evolución del Derecho Internacional a través del trabajo del Comité para la eliminación de la discriminación contra la mujer (Comité CEDAW) y que el Comité CEDAW ha precisado en sus Recomendaciones Generales número 19 y 35 que la violencia por razón de género contra las mujeres en una forma de discriminación y una vulneración a los derechos humanos. En particular, en la «Recomendación General número 35 sobre la violencia por razón de género contra la mujer, por la que se actualiza la Recomendación General número 19» (2017) el Comité CEDAW señala:

> «En virtud de la Convención y el derecho internacional general, el Estado parte es responsable de los actos u omisiones de sus órganos y agentes que constituyan violencia por razón de género contra la mujer, lo que incluye actos u omisiones de los funcionarios de los poderes ejecutivo, legislativo y judicial. El artículo 2 d) de la Convención establece que los Estados partes, sus órganos y agentes deben abstenerse de incurrir en todo acto o práctica de discriminación directa o indirecta contra la mujer y velar por que las autoridades e instituciones públicas actúen de conformidad con esa obligación. Además de garantizar que las leyes, políticas, programas y procedimientos no discriminan a la mujer, de conformidad con los artículos 2 c) y g), los Estados partes deben contar con un marco jurídico y de servicios jurídicos

efectivo y accesible para hacer frente a todas las formas de violencia por razón de género contra la mujer cometidas por agentes estatales, ya sea en su territorio o extraterritorialmente.

Los Estados partes son responsables de prevenir tales actos u omisiones de sus propios órganos y agentes mediante, entre otras, la capacitación y la adopción, aplicación y supervisión de las disposiciones jurídicas, reglamentos administrativos y códigos de conducta, y de la investigación, el enjuiciamiento y la aplicación de sanciones legales o disciplinarias adecuadas, así como de la concesión de reparación, en todos los casos de violencia por razón de género contra la mujer, en particular los que constituyan crímenes internacionales, y en caso de incumplimiento, negligencia u omisión por parte de las autoridades públicas. Para ello, deberían tenerse en cuenta la diversidad de las mujeres y los riesgos de las formas interrelacionadas de discriminación» *(Comité CEDAW, 2017: Párrafos 22-23)*.

En cuanto a la jurisprudencia, el Comité CEDAW no ha utilizado aún de manera literal el término de violencia institucional por razón de género contra las mujeres. Si bien, como se expuso con anterioridad, existe el marco para poder hacerlo[2]. Pero sí existen diversos dictámenes en contra de los Estados, como parte del procedimiento de comunicaciones individuales, en los cuales se han encontrado vulneraciones a la CEDAW en casos de violencia por razón de género contra las mujeres y el incumplimiento de la diligencia debida que podrían ser catalogados como casos de violencia institucional machista. Por ejemplo, los hechos del dictamen del caso *González Carreño vs. España* (2014).

En el marco europeo, el *Convenio del Consejo de Europa sobre prevención y lucha contra la violencia contra las muje-*

---

2   Sucede como con la violencia obstétrica, que no estaba nombrada tal cual en la CEDAW, pero existía el marco para ello, dando pie a dictámenes del Comité CEDAW en donde ya se aborda la violencia obstétrica nombrándola así -haciéndolo por primera ocasión en un caso contra el Estado español-: *S.M.F. vs. España* (2020), *N.A.E. vs. España* (2022) y *M.D.C.P. vs. España* (2023).

res y la violencia doméstica (Convenio de Estambul) de 2011, ratificado por el Estado español, estipula en su artículo 5 lo siguiente:

> «*Artículo 5. Obligaciones del Estado y diligencia debida*
> 1. Las Partes se abstendrán de cometer cualquier acto de violencia contra la mujer y se asegurarán de que las autoridades, los funcionarios, los agentes y las instituciones estatales, así como los demás actores que actúan en nombre del Estado se comporten de acuerdo con esta obligación.
> 2. Las Partes tomarán las medidas legislativas y demás necesarias para actuar con la diligencia debida para prevenir, investigar, castigar y conceder una indemnización por los actos de violencia incluidos en el ámbito de aplicación del presente Convenio cometidos por actores no estatales».

Así, los Estados tienen la obligación dada por el Convenio de Estambul de abstenerse de cometer cualquier acto de violencia contra las mujeres, así como de asegurar que las autoridades, funcionariado, agentes, instituciones y demás actores que actúan en nombre del Estado se comporten de acuerdo con esta obligación. Esta obligación incumbe a todos los ámbitos de la actuación estatal, por ejemplo, judicial, policial, sanitario, etc. Así como que vincula a lo estatal, autonómico y local, en el caso de España. Para dar seguimiento a la implementación del Convenio de Estambul, se encuentra el Grupo de Expertas y Expertos en la lucha contra la violencia contra la mujer y la violencia doméstica (GREVIO). Siendo importante destacar que, en su segundo informe sobre España y primero de evaluación temática «Generar confianza ofreciendo apoyo, protección y justicia» (2024), por primera vez el GREVIO hace referencia a la violencia institucional (GREVIO, 2024)[3].

---

3   La primera evaluación a España por parte del GREVIO fue en 2020 -general, no temática- y la primera evaluación temática en 2024. Ver: https://violenciagenero.igualdad.gob.es/marco-internacional/informesgrevio/

En relación con la jurisprudencia del Tribunal Europeo de Derechos humanos, todavía no se cuenta con alguna sentencia que utilice el concepto de violencia institucional machista o violencia institucional contra las mujeres. No obstante, existen sentencias que abordan la vulneración de artículos del Convenio Europeo de Derechos Humanos en casos de violencia contra las mujeres, el uso de estereotipos o que hablan de victimización secundaria[4]. Algunos de estos casos también podrían catalogarse como de violencia institucional machista.

3. Conceptualización

Como se desprende del apartado anterior («Contexto»), a partir del marco de Naciones Unidas y del Consejo de Europa, la violencia institucional machista comprende los actos u omisiones de los órganos y agentes del Estado que constituyan violencia machista. Incluye la violencia machista perpetrada por el Estado, pero también la tolerada por este. Siguiendo de nuevo a Encarna Bodelón, «de forma creciente, se ha visibilizado que el Estado puede ser también un agente que comete formas de violencia de género institucionalizada, no sólo porque a través de sus agentes se realicen actos de violencias físicas, psicológicas o sexuales, sino también por la responsabilidad que tiene el Estado y sus agentes en la prevención, sanción y erradicación de dichas violencias contra las mujeres» (Bodelón, 2014: 133).

Desde una perspectiva comparada, México ha sido un país pionero en incluir la violencia institucional como una forma de violencia contra las mujeres (Sordo Ruz, 2017). La *Ley General de acceso de las mujeres a una vida libre de violencia* (2007) señala:

> «*CAPÍTULO IV DE LA VIOLENCIA INSTITUCIONAL*
> ARTÍCULO 18.- Violencia Institucional: Son los actos u omisiones de las y los servidores públicos de cualquier

---

4   Ver, entre otras, las sentencias de los casos *Opuz vs. Turquía* (2009), *J.L. vs. Italia* (2021), *Tunikova y otras vs. Rusia* (2021), *A. y B. vs. Georgia* (2022), *Vieru vs. Moldavia* (2024) o *L. y otras vs. Francia* (2025).

orden de gobierno que discriminen, utilicen estereotipos de género o tengan como fin dilatar, obstaculizar o impedir el goce y ejercicio de los derechos humanos de las mujeres así como su acceso al disfrute de políticas públicas destinadas a prevenir, atender, investigar, sancionar y erradicar los diferentes tipos de violencia.

18 Bis.- El Estado mexicano tendrá la misma responsabilidad de promover, respetar, proteger y garantizar, desde una perspectiva de género, los derechos humanos de las mujeres, sus hijas e hijos, que se encuentren o residan fuera del país, con base en los mecanismos legales del Servicio Exterior Mexicano.

Toda acción u omisión que conlleve a la violación de los derechos humanos de las mujeres víctimas deberá ser investigada, sancionada y reparada con perspectiva de género conforme a la normatividad aplicable.

ARTÍCULO 19.- Los tres órdenes de gobierno, a través de los cuales se manifiesta el ejercicio del poder público, tienen la obligación de organizar el aparato gubernamental de manera tal que sean capaces de asegurar, en el ejercicio de sus funciones, el derecho de las mujeres a una vida libre de violencia.

ARTÍCULO 20.- Para cumplir con su obligación de garantizar el derecho de las mujeres a una vida libre de violencia, los tres órdenes de gobierno deben prevenir, atender, investigar, sancionar y reparar el daño que les inflige» *(artículo reformado en 2023 y 2024)*.

Otros países que incluyen la violencia institucional en su legislación sobre violencia contra las mujeres son Argentina, Bolivia, Chile, Ecuador, El Salvador, Panamá, Paraguay, Uruguay o Venezuela.

En España, en el ámbito estatal, ni la *Ley Orgánica 1/2004, de 28 de diciembre, de medidas de protección integral contra la violencia de género* ni la *Ley Orgánica 10/2022, de 6 de septiembre, de garantía integral de la libertad sexual* (LOGILS) incluyen la violencia institucional. La LOGILS incorpora la diligencia debida como un principio rector y tiene un artículo acerca de la responsabilidad institucional de detección de las violencias sexuales (artículo 18). Ahora bien, las leyes para erradicar las violencias machistas de algunas Comunidades Autónomas sí incluyen a la violencia institucional machista. La primera ley en hacerlo fue la *Ley 4/2018, de 8 de octubre, para una sociedad libre de violencia de género en Castilla – La Mancha*, de la siguiente manera:

> «*Artículo 5. Formas de violencia de género*.
> A los efectos de esta ley las formas de violencia ejercida hacia las mujeres son las siguientes: [...] g) Violencia institucional: las acciones u omisiones que realizan las autoridades, funcionarios y funcionarias, profesionales, personal y agentes pertenecientes a cualquier órgano, ente o institución pública, que tengan como fin retardar, obstaculizar o impedir que las mujeres tengan acceso a las políticas públicas y ejerzan los derechos previstos en esta ley para asegurarles una vida libre de violencia».

En Cataluña, con la modificación en 2020 de la *Ley 5/2008, de 24 de abril, del derecho de las mujeres a erradicar la violencia machista*, se incluyó la violencia institucional de la siguiente forma:

> «*Artículo 5*. Ámbitos *de la violencia machista*.
> La violencia machista puede manifestarse en algunos de los siguientes ámbitos:
> [...] Sexto. Violencia en el ámbito institucional: acciones y omisiones de las autoridades, el personal público y los agentes de cualquier organismo o institución pública que tengan por finalidad retrasar, obstaculizar o impedir el acceso a las políticas públicas y al ejercicio de los derechos que reconoce la presente ley para asegurar una vida libre de violencia machista, de acuerdo con los supuestos incluidos en la legislación sectorial aplicable. La falta de diligencia debida, cuantitativa y cualitativa, en el abordaje de la violencia machista, si es conocida o promovida por las administraciones o deviene un patrón de discriminación reiterado y estructural, constituye una manifestación de violencia institucional. Esta violencia puede provenir de un solo acto o práctica grave, de la reiteración de actos o prácticas de menor alcance que generan un efecto acumulado, de la omisión de actuar cuando se conozca la existencia de un peligro real o inminente, y de las prácticas u omisiones revictimizadoras. La violencia institucional incluye la producción legislativa y la interpretación y aplicación del derecho que tenga

por objeto o provoque este mismo resultado. La utilización del síndrome de alienación parental también es violencia institucional.

Séptimo. Violencia en el ámbito de la vida política y la esfera pública de las mujeres: la violencia machista que se produce en espacios de la vida pública y política, como las instituciones políticas y las administraciones públicas, los partidos políticos, los medios de comunicación o las redes sociales. Cuando esta forma de violencia machista ocurre en las instituciones políticas o las administraciones públicas y es tolerada y no sancionada, se convierte también en una forma de violencia institucional [...]».

La *Ley 11/2022, de 20 de septiembre, contra la violencia de género de La Rioja* la incluye de la siguiente forma:

«**Artículo 5. Formas y manifestaciones de la violencia de género**.
1. A los efectos de esta ley, las formas de violencia ejercida hacia las mujeres y niñas son las siguientes: [...] h) Violencia institucional: Las acciones y omisiones de las autoridades, personal empleado público y los y las agentes de cualquier organismo o institución pública que tenga por finalidad retrasar, obstaculizar o impedir el acceso a las políticas públicas y al ejercicio de los derechos previstos en esta ley [...]».

En el caso del País Vasco, el *Decreto Legislativo 1/2023, de 16 de marzo, por el que se aprueba el texto refundido de la Ley para la Igualdad de Mujeres y Hombres y Vidas Libres de Violencia Machista contra las Mujeres* incluye la violencia institucional.

Por su parte, la «Estrategia Estatal para combatir las violencias machistas 2022-2025» incluye la violencia institucional y la entiende como: «las consecuencias en las mujeres de la falta de diligencia debida; que acontece tanto por la omisión y la inacción de los poderes públicos, como por la práctica contraria o perjudicial a los derechos de las mujeres, resultando en la victimización secundaria» (página 52).

En el ámbito regional, la violencia institucional contra las mujeres ha tenido un importante desarrollo en el Sistema Interamericano de Protección de Derechos Humanos. En particular, en cuanto a la jurisprudencia de la Corte Interamericana de Derechos Humanos (Corte IDH), la Sentencia del *Caso V.R.P., V.P.C. y otros vs. Nicaragua* (2018) es la primera en la que la CorteIDH se pronuncia sobre la violencia institucional contra las mujeres, en este caso, una niña. El caso se refiere a la violencia sexual cometida en contra de una niña por parte de su padre y a la falta de una respuesta adecuada por parte del Estado nicaragüense. La CorteIDH determina que en este caso el Estado se convirtió en un segundo agresor. Para la Corte, el Estado nicaragüense cometió actos revictimizantes que constituyeron violencia institucional de acuerdo con la definición de violencia contra la mujer adoptada en la *Convención Interamericana para prevenir, sancionar y erradicar la violencia contra la mujer «Convención de Belém do Pará»* de 1994, violencia institucional que por el sufrimiento provocado calificó como trato cruel, inhumano o degradante. De la misma manera, en esta sentencia se hacen pronunciamientos relevantes sobre la debida diligencia reforzada y la protección especial en las investigaciones y procesos penales por violencia sexual contra niñas, niños y adolescentes. A partir de esta sentencia, la CorteIDH ha emitido otras en las cuales también aborda la violencia institucional en casos de vulneraciones de los derechos humanos de las mujeres[5].

4. Prevención, persecución y protección

Como una forma de violencia machista, la violencia institucional debe ser abordada a partir de la obligación de diligencia debida para prevenir, proteger, investigar, sancionar y reparar de manera integral en estos casos, contemplando medidas de no repetición. Tomando en cuenta que, si no hay diligencia debida, muy probablemente exista violencia institucional. Y que para que exista diligencia debida, en virtud del derecho a la igualdad y no discriminación de todas las mujeres, es necesaria una perspectiva de género, derechos humanos y un enfoque interseccional.

---

5   Ver, por ejemplo: Sentencia del *Caso Mujeres víctimas de tortura sexual en Atenco vs. México* (2018), Sentencia del *Caso Guzmán Albarracín y otras vs. Ecuador* (2020), Sentencia del *Caso Angulo Losada vs. Bolivia* (2022) o Sentencia del *Caso María y otros vs. Argentina* (2023).

Asimismo, como ya se ha mencionado que ha señalado el Comité CEDAW en su Recomendación General número 35, los Estados deben:

– Contar con un marco jurídico para hacer frente a todas las formas de violencia por razón de género contra la mujer cometidas por agentes estatales.

– Contar con servicios jurídicos efectivos y accesibles para hacer frente a todas las formas de violencia por razón de género contra las mujeres cometidas por agentes estatales.

– Prevenir actos y omisiones de sus propios órganos y agentes que constituyan violencia por razón de género contra las mujeres, con medidas como la formación (en donde entraría la perspectiva de género, interseccionalidad, estereotipación de género, estándares internacionales y la diligencia debida); la adopción, aplicación y supervisión de las disposiciones jurídicas, reglamentos administrativos y códigos de conducta; la investigación, enjuiciamiento y aplicación de sanciones legales o disciplinarias adecuadas, así como brindar reparación (Comité CEDAW, 2017: Párrafos 22-23).

En cuanto a la violencia institucional machista que pueda producirse en el ámbito de acceso a la justicia, resulta de especial interés la «Recomendación General N.º 33 sobre el acceso de las mujeres a la justicia» (2015) del Comité CEDAW que aborda los seis elementos que se relacionan entre sí y son esenciales para el acceso a la justicia: justiciabilidad, disponibilidad, accesibilidad, buena calidad, rendición de cuentas y suministro de recursos (Comité CEDAW, 2015). Asimismo, hay que tener presente los cuatro pilares del Convenio de Estambul: la prevención, la protección, el enjuiciamiento y la coordinación de políticas, también para los casos de violencia institucional machista y el fortalecimiento de la diligencia debida[6]. Para la reparación, será relevante tener una voca-

---

6   En este sentido, en Cataluña existe el «Protocolo marco para una intervención con diligencia debida en situaciones de violencia machista» (2022).

ción transformadora desde una perspectiva de género y un enfoque interseccional.

Por otro lado, existen iniciativas que se están produciendo en España en cuanto a esta forma de violencia machista, como el Observatorio de Violencias Institucionales Machistas (OVIM), que presenta información valiosa sobre casos, patrones y recomendaciones[7].

5. Avances y retos

Cada vez se avanza con más fuerza en España en reconocer la noción institucional de la violencia machista y su consecuencia para los derechos de las mujeres. La violencia institucional machista está incluida como forma, manifestación o ámbito de la violencia machista en las leyes para luchar y erradicar la violencia machista de algunas Comunidades Autónomas. Sin embargo, aún no está incluida en la legislación estatal que aborda la violencia de género o las violencias sexuales. Siendo necesaria su inclusión en la normativa estatal. Además de que resulta indispensable que se tomen medidas adecuadas y efectivas para que en la práctica no se produzca violencia institucional machista, se actúe con diligencia debida y se aplique un enfoque de género, derechos humanos e interseccional, avanzando hacia una igualdad sustantiva y una reparación que contemple medidas de no repetición.

Bibliografía

BODELÓN, E., (2014), *Anales de la Cátedra Francisco Suárez*, «Violencia institucional y violencia de género», 48, 131-155.

SORDO RUZ, T., (2024), *Los derechos humanos de las mujeres*, Didot, Argentina.

— (2021), *Derechos humanos desde una perspectiva interseccional*, «La interseccionalidad en el derecho de las mujeres a una vida libre de violencias por razón de género y discriminación», Institut de Drets Humans de Catalunya, 90-101.

---

7   Ver: https://ovim.org/

— (2017), *Violencias en contra de las mujeres en base al género en el Estado mexicano. Un análisis interseccional*, Tesis doctoral, Doctorado en Estudios Interdisciplinares de Género. Universidad Autónoma de Madrid.

NACIONES UNIDAS,

— Comité para la eliminación de la discriminación contra la mujer, (2023), Dictamen del caso *M.D.C.P. vs. España*. Comunicación N.º 154/2020, 24 de febrero de 2023.

— (2022), Dictamen del caso *N.A.E. vs. España*. Comunicación N.º 149/2019, 27 de junio de 2022.

— (2020), *S.F.M. vs. España*. Comunicación N.º 138/2018, 28 de febrero de 2020.

— (2017), *Recomendación General N.º 35 sobre la violencia por razón de género contra la mujer, por la que se actualiza la Recomendación General N.º 19*.

— (2015), *Recomendación General N.º 33 sobre el acceso de las mujeres a la justicia*.

— (2014), Dictamen del caso *González Carreño vs. España*. Comunicación N.º 47/2012, 15 de agosto de 2014.

— (2006), *Estudio a fondo sobre todas las formas de violencia contra la mujer*. Informe del Secretario General, A/61/122/Add.1.

— (1979), *Convención sobre la eliminación de todas las formas de discriminación contra la mujer*.

— (1993), *Declaración sobre la eliminación de la violencia contra la mujer*.

— Jurisprudencia: https://juris.ohchr.org/

CONSEJO DE EUROPA,

— Consejo de Europa, (2011), *Convenio del Consejo de Europa sobre prevención y lucha contra la violencia contra las mujeres y la violencia doméstica*.

— Jurisprudencia del Tribunal Europeo de Derechos Humanos: https://hudoc.echr.coe.int/eng#{%22documentcollectionid2%22:[%22GRANDCHAMBER%22,%22CHAMBER%22]}

CORTE INTERAMERICANA DE DERECHOS HUMANOS,

— Corte Interamericana de Derechos Humanos. 2018. *Caso V.R.P., V.P.C. y otros vs. Nicaragua.* Excepciones Preliminares, Fondo, Reparaciones y Costas. Sentencia de 8 de marzo de 2018. Serie C N.º 350.

— Jurisprudencia de la Corte Interamericana de Derechos Humanos: https://jurisprudencia.corteidh.or.cr/

Leyes y otros

Ley Orgánica 1/2004, de 28 de diciembre, de medidas de protección integral contra la violencia de género.

Ley Orgánica 10/2022, de 6 de septiembre, garantía integral de la libertad sexual.

Ley 4/2018, de 8 de octubre, para una sociedad libre de violencia de género en Castilla – La Mancha.

Ley 5/2008, de 24 de abril, del derecho de las mujeres a erradicar la violencia machista.

Ley 11/2022, de 20 de septiembre, contra la violencia de género de La Rioja.

Decreto Legislativo 1/2023, de 16 de marzo, por el que se aprueba el texto refundido de la Ley para la Igualdad de Mujeres y Hombres y Vidas Libres de Violencia Machista contra las Mujeres.

Ministerio de Igualdad, «Estrategia Estatal para Combatir las Violencias Machistas 2022 – 2025».

«Protocolo marco para una intervención con diligencia debida en situaciones de violencia machista» (2022), Cataluña.